* 9 7 8 9 7 7 9 6 0 0 1 3 0 *

إقـــلاع

TAKE OFF

روح مسافرة بين الشعوب والبلدان

شيماء محمود إبراهيم

اسم العمل: إقلاع

اسم الكاتب: شيماء محمود إبراهيم

المراجعة اللغوية: فريق فصحى

تصميم غلاف: صابرين محمد

تنسيق داخلي: روان النمكي

تصميم وإخراج:

رقم الإيداع:2024/21653

الترقيم الدولي: 0-13-9600-977-978

فُصْحَى للنشروالتوزيع

Darfosha@gmail.com

01061318637

إقــلاع

شيماء محمود إبراهيم

للتواصـــل مع الكاتـبة

● Sh_m_e83

https://www.facebook.com/Shaimaamahmoud83

sh_m_e83@yahoo.com

إهداء

إلى كل روح مسافرة، ترى أن العمر قصير ولا يجب أن نهدره في البقاء في مناطق راحتنا..

إلى كل قلب مغامر، يرى أن السفر ضرورة لا ترفا..

إلى كل نابذ للعنصرية بجميع أشكالها، وكل مؤمن بأننا قد خلقنا شعوبا وقبائل مختلفة لنتعارف..

إلى أصحاب الأرواح المتوثبة؛ التي لا تكاد تهدأ في مكان، حتى ترتحل منه إلى آخر..

إلى كل مستكشف لهذا العالم؛ محاولا سبر أغواره قبل الرحيل أهدي هذا الكتاب..

إقــلاع

مقدمة

في البداية دعونا نتفق أني لا أعتبر نفسي مغامرة رحالة لم يسبق لها مثيل، ولست هنا لأحدثكم عن رحلاتي وأسفاري.

ما أنا إلا محبة للسفر عاشقة لمفهوم الترحال، سافرت في الكتب والخرائط لسنوات طويلة أكثر مما سافرت على أرض الواقع..

لكنني أستطيع أن أزعم بأني عايشت ورصدت معاناة المسافر منذ اللحظة الأولى، مرورا بمعاناة ما قبل السفر وحتى تقلع طائرته ويرتفع محلقا إلى وجهته أخيرا..

وما بين قراره وإقلاعه رحلة طويلة وتفاصيل كثيرة سأحدثكم عنها.

منذ اللحظة التي يتعاظم فيها ذلك الشغف فيتحول إلى وحش ضخم يصعب إيقافه.

رأيت وعايشت بنفسي معنى أن تكون طيرا خلقت لتحلق، بين عالم من الأشجار، إما لأنهم اعتادوا على العيش أشجارا ثابتة لا تجرؤ على الحركة وإن أحبتها، وإما لأنهم لا يملكون الخيار..

وأنت بين هذا وذلك تحتاج إليهم، فكيف بالعصفور الحر الطليق أن يستغني عن عشه وعن شجرته وجذوره؟!

الأمر أن شيئا بداخلك قد تحور وتغير للأبد، فصارت نفسك متوثبة محلقة لا تملك رفاهية السكون..

ولأن مرحلة الإقلاع هي أهم وأصعب مراحل الرحلة، كانت هذه الفكرة وكان هذا الكتاب؛ ليساعدكم على إقلاع آمن قدر الإمكان..

لا أجرؤ على أن أصنف هذا الكتاب بأنه "أدب رحلات"، فما زلت عصفورا صغيرا يقاوم ظروفه ويحاول ليستطيع أن يحلق، وما زال بي أثر وبقية من طبائع الأشجار، وما زالت مجتمعاتنا العربية تنظر إلى السفر على أنه ترفا ورفاهية، وإلى المسافر على أنه ثريا فاحش الثراء، متفرغا لا يجد ما يفعله، وعلى المسافرة بأنها......

حسنا..

سأتكلم عن هذا في فصل منفصل؛ فالأمر ذو شجوون.

أنا هنا لأخبر محبي السفر ـ الذين ما زالوا في مرحلة التحور ولم يتحولوا إلى طيور مسافرة بعد ـ ؛ بأن الأمر قطعا يستحق..

يستحق أن تسبح ضد تيار العادات والتقاليد والأعراف، التي تقتضي دائما بأن السفر لا بد أن يكون غربة، (شحططة) لا طائل منها إلا لو كان الأمر سيؤدي إلى شراء منزل وسيارة وتأمين مستقبل الأولاد؛ وفي خلال ذلك لا بأس بأن يضيع العمر وينقضي الشباب وتنطفيء الروح..

لست هنا لأقدم حلولا وردية، ولا لأعدكم بأنكم ستنجحون في تحقيق أحلامكم، لكنني هنا لأؤكد لكم أن من صدق سبق، ومن ثابر بكل قوته وعزمه في سبيل أحلامه، أوشك أن يحققها بلا شك.

إقـــلاع

فإذا كانت أحلامك في السفر واستكشاف العالم أو في غيره، لا تبذل القليل. ولا تحبها ببعض منك؛ بل أقبل عليها بكل نفسك، وابذل ما استطعت من جهد ولا تقنع بما دون النجوم.

وإن فشلت في شيء تحبه فلن تجد صعوبة في معاودة الكرة، المرة تلو المرة حتى تنجح فيه.

لماذا أثرثر كثيرا؟!

لا أرى سببا للمقدمات الطويلة إلا فلسفة وتقعرا من المؤلف أو زيادة لعدد صفحات كتاب ممل، يأبى صاحبه إلا أن يفرض رأيه على القراء بدلا من أن يعرض لهم أفكاره مباشرة تاركا لهم مطلق الحرية في القبول أو الرفض. لنكتفي بذلك القدر من الثرثرة ونبدأ أولى فصول الكتاب..

شيـماء محمـود

ما قبـــل السفر

إن من أعظم ما قرأت عن السفر والارتحال هو ما قاله الفيلسوف "تايلاري شاردان" في أحد كتبه، حيث قال:

"إنني أولد في هذه الرحلات.. فأنظر في جشع وشراسة.. هذا هو طعامي.. ثم إنني شربت وارتويت وسكرت، ليس من الناس وتاريخهم، ولا من النباتات والحيوانات.. ولكن من الضياء الذي يتدفق إلى أعماقي.."

وعندما سُئل هذا الفيلسوف عن سر سعادته، قال:

"إن الأرض كروية ! وكل رحلة هي في بلاد الله، وبين خلق الله."

وكان العم أنيس منصور يرى أن أهم ما في السفر هو الخروج؛ إذ ليس معنى السفر تغيير مكان المشي أو النوم أو الأكل.. وإنما تغيير للموقف.. تغيير للسمع.. جلاء للبصر.. تجديد للرؤية.

لذلك كان السفر بالنسبة إلى أنيس منصور لا يحتاج إلى أي وقت.. ولا لأي استعداد نفسي..

ففي أي لحظة كان يستطيع أن يزرر جاكتته، ويغلق باب مكتبه وينطلق إلى المطار-على حد تعبيره-، أما الملابس فيمكنه الحصول عليها من الخارج، أو غسلها في الفندق، وكل شيء بعد ذلك يهون.. حسنا..

كنت أتمنى أن أخبرك – عزيزي القاريء _ أن السفر لا يحتاج إلا إلى قرار، أو حتى إلى ادخار و تغطية مادية جيدة.

ففي اللحظة التي تقرر السفر فيها مغامرا مرتحلا، في اللحظة التي تعلن فيها قرارك بين أسرتك ودوائر معارفك القريبة، ستواجه بعاصفة من ردود الأفعال المتباينة، منها من يتهمك بالجنون والخبل، ومنها من يسفه من رغبتك ناصحا إياك بادخار أموالك لهدف مفيد.

المهم أنك ستجد نفسك محاطا بنظرات الارتياب والشك في قواك العقلية، ولا بأس من نظرات تستكثر عليك أحلامك، وأخرى حاقدة، وقليل أو كثيرمن الدعم الذي لن يعفيك من محاولات عبثية لشرح موقفك والإسهاب في دفع كل الاتهامات المزعومة عن نفسك.

وعندما يوقن الجميع أنك لن تتراجع، وأنك مصرّعلى قرارك مهما كلفك الأمر؛ هنا يبدأ استعدادك الحقيقي للرحلة، ويبدأ قلقك الخاص بعد أن اجتهدت قدر استطاعتك في إزالة قلق الجميع.

لا أزعم أن ذلك يحدث للجميع، لكنه يحدث كثيرا في طبقاتنا المتوسطة، التي ترى أن الزواج أو الادخار لتأمين المستقبل أولى من محاولاتك العبثية لاستكشاف العالم من حولك، ووجهة نظرهم أنه (ما فائدة ثراء التجارب ونمو الشخصية بينما الجيب فقير؟(!

والحق أقول أن وجهة نظرهم معتبرة وخوفهم مبرر، لكن ما لا يعرفه الجميع أن السفر مليء بالفرص، وأنه من السهل أن تعمل بينما تتجول في بلاد الله وبين خلقه.

وستكون محظوظا مثلي إذا حظيت بدعم أسرتك لما تحب، وتفهمهم لشغفك رغم عدم حبهم للسفر.

إقـــلاع

وعليك أن تعرف أن مرحلة الإقلاع تسبقها مراحل كثيرة، أولها الاعتماد على النفس، وحسن التصرف في المواقف المختلفة، ودعم ومساعدة جميع من حولك، فهذا ما يجعلك مؤهلا لخوض التجربة من الأساس. اجتهد وثابر وانجح، نل إعجاب الجميع وثقتهم حتى إذا عزمت وقررت أصبحت ذا كلمة مسموعة واحترام ممن حولك لما تحب ولو لم يتفقوا معه.

وتذكر تلك العبارة دائما..

ليس السفر وعدا بالسعادة وليس عند الرحالة المسافر يقين خاص بأنه سيجد السعادة في بلاد بعيدة، بل تكمن متعته في الرحلة ذاتها، في الاستكشاف وخوض المجهول.

ولا يتنافى ذلك بالطبع مع حسن التخطيط والحكمة في كل خطوة من الرحلة بداية من الإقلاع وحتى الهبوط بسلام في أرض الوطن.

رغم أن الشخص المسافر يعشق الترحال، إلا أنه -للعجب- يكره الغربة، يحب أن يتجول بين الأوطان متطلعا مستكشفا لعادات الشعوب مدركا حكمة الله سبحانه في الاختلاف بين البشر، لكنه يحب أيضا أن يكون وطنه هو مستقره ومرساه؛ فمهما سافر يعود ويحط رحاله بين أهله وأصحابه جامعا بين متعة استكشاف نفسه وعالمه وبين العودة لدفء الأهل والوطن ، وهو بذلك يختلف اختلافا كليّا عن المسافر المغترب أو الطير المهاجر في سبيل تأمين سبل الحياة لنفسه ولأسرته.

إقـــلاع

لكل منهم معاناته ومتعته، ولكل منهم هدف مختلف، ولكل نوع مميزات وعيـوب كذلك.

ولأننا بصدد الحديث اليوم عن الرحالة المسافر بهدف استكشاف نفسه والعالم، بعيدا عن مناطق الراحة المعتادة، ورؤية شعوبا وقبائل لم يتصور يوما أنه سيراها رأي العين

دعوني أحدثكم قبل مرحلة الإقلاع عن الميثاق غير المكتوب للمسافر، وما الهدف من سفره وترحاله من الأساس.

إن الله تعالى قد خلقنا شعوبا وقبائل لنتعارف، وفي الاختلاف فوائد وله ثمار كثيرة أهمها توسيع الأفق والمدارك وتقبل الآخر مهما كان لونه أو عرقه أو اعتقاده، وإدراك أن العالم ليس فقط ما تراه عينيك.

أما عن الميثاق غير المكتوب للمسافر فيتمثل في مبادئه وأخلاقه خارج بلاده، فكما تصحبنا همومنا وأحزاننا من بلد لآخر، كذلك تصحبنا أخلاقنا وعاداتنا ومبادئنا وقيمنا.

وللسفر مخاطر كأي شكل من أشكال الحرية، لكن المخاطر تحيطنا بداخل بلادنا وخارجها، وأنت من تحدد في النهاية ماذا تريد أن تكون، ذلك الشخص الذي خرج من بلده متحررا متمردا على العادات مقبلا على كل ما كان يعتبره خاطئا داخل بلده، أو ذلك الإنسان الذي خرج من بلده ليمد جسورا مع نفسه ومع البشر من حوله مستفيدا ومفيدا لكل من يمر بهم كالغيث يروي من حوله ويترك أثرا طيبا بينهم ولو لم يراهم مرة أخرى؟!

أما عن الغرض من السفر والترحال، دعوني أترككم لهذه المقالة الرائعة التي تبرز أرقى وأجمل معاني السفر، يصحبنا فيها الرحال المسافر قاسم الشهير بـ"ابن حتوتة" والذي تسعدني كثيرا مشاركته معي في هذا الكتاب .

لمـــاذا نســـــافر
ابــن حتوتـــــة

إلى من يعتبرون السفر تضييعا للوقت والمال والجهد، أقول لكم لماذا نسافر؟!

نسافر أولا لنترك أنفسنا للضياع، ونسافر بعدها لنجدها..

نسافر لنفتح قلوبنا وأعيننا ولنتعلم عن العالم أكثر مما نقرأ في الجرائد ونشاهد في نشرات الأخبار..

نسافر لنترك مسلماتنا خلفنا في البيوت.. لنرى العالم من منظور جديد، منظور مجرد من كل الأحكام المسبقة..

عندما نسافر، الأهم من النظر إلى الأماكن الجديدة، أن ننظر بعيون جديدة..

نسافر لكي نهدم الأصنام التي بنيناها في ذواتنا.. سنتعلم أن الأشياء التي نعتبرها عالمية، هي في الحقيقة مؤقتة ومحدودة.

السـفر .. يساعدنا لنر أماكن وقيم بالعادة نتجاهلها، لكن إذا تعمقنا أكثر نجد أن الأهم من الأماكن الجغرافية، هي تلك الأماكن الوجدانية التي نسافر لها.

فكما قال شمس التبريزي:

"الأهم من سفر المكان، سفر الوجدان الذي بداخلك.. فما نفع تبديل الأماكن وأنت أنت." !

لهذا بالسفر، نحن في الحقيقة ومن دون خيار، نزور أماكن وحالات ذهنية مخبأة في عقولنا بدأت تصدأ..

نسافر بحثا عن خصوصيتنا، عن أنحاء هذا الكوكب التي لا يستطيع الناس الحكم علينا فيها؛ حيث نتحرر من كل القيود التي فرضت علينا قبلا لنكون فقط "نحــن.."

بالتأكيد هناك مخاطر لذلك، كجميع أنواع الحرية، لكن المهم هو أن نشعر بأننا ولدنا من جديد..أن نحيط أنفسنا كما في طفولتنا، بما لا نفهم.. وحيث تصبح اللغة كما يستخدمها الأطفال.. ليست أداة للتعبير عن النفس، وإنما مجرد محاولات ليكون ما نقوله ذا معنئً لمن أمامنا..

نسافر لنقع في الحب.. إذ أن الفارق بين وقوعنا في الحب والسفر؛ أن إحداهما علاقة بإنسان، والأخرى بتجربة..

كل رحلة لبلد غريب من الممكن أن تكون علاقة حب، حيث تتوقف لتتسائل من أنت.. ومع من وقعت في الحب!..

كل الرحلات الجميلة مثل الحب؛ تشوّش ذاتك.. وتتركك في مكان بين الخوف والدهشة..

نسافر.. لنستعيد الأمل الذي فقدناه.. الأمل بالإنسان، بعد أن فرقتنا السياسات والحكومات ووسائل الإعلام..

نسافر لنكون أقرب من الشعوب .. أقرب من الحقيقة.. أقرب للسعادة.. أقرب لنا نحــن!..

ابـن حتــوتــة

إقلاع

الأنثى والسفر

لا شك أن الأنثى العاشقة للسفر، والتي قررت اتباع شغفها، هي أنثى شجاعة (امرأة كانت أو فتاة)

وأنتِ إذا قررت يوما إعلان شغفك هذا على الملأ فستواجهين في العادة عاصفة مدوية وأحداقا متسعة ، اللهم إلا إذا رزقك الله بأسرة داعمة تتفهم شغفك حتى ولو لم تحبه.

ورغم أن خوف الأهل وقلقهم في هذه الحالة مبرر، إلا أن هناك رفض آخر قد تواجهينه كفتاة مسافرة من المجتمع والناس.

فالأحكام الجاهزة والقولبة الفكرية هي أسوأ ما يواجه المرأة عند سفرها، فالحكم على الآخرين هي مشكلة طاغية في مجتمعاتنا العربية، لكنها تتوحش في مهاجمتنا كنساء فنحن مطالبات بإثبات برائتنا طوال الوقت من تهم لا ندري عنها شيئا ولم تدر في خلدنا من الأساس!

إن السفر نشاط إنساني طبيعي، وخطوة ضرورية وهامة للنضج واكتساب الخبرات والاعتماد على النفس، لكن البعض للأسف هم أقلّ ذكاء من أن يستوعبوا أننا بشر مثلهم تماما، وأن لنا الحق في السفر كما نحب ووقتما نحب.

السفر بشكل عام لا يقابل بهذا الكم من الاستهجان إلا إذا كانت المسافرة "أنثى"، ذلك أن المجتمع ينظر بشكٍّ إلى الفتاة أو المرأة التي تتنقل دون "رَجل" فهي إما هاربة من أهلها أو منحلة وكونها سافرت وحدها هو اتهام

مباشر لأخلاقها وكأن لسان حال الجميع: لماذا تسافر وحدها لو لم ترغب في الفساد؟!

وتحت تأثير هذه الفكرة الحمقاء صارت الأنثى المسافرة بين المطرقة والسندان، تعاني من معاملتين مختلفتين:

الأولى هي معاملة بعض الشباب الذي يعتبرها "فرصة" يجب انتهازها واستغلالها ، والثانية هي معاملة أسوأ من أشخاص نصبوا أنفسهم حكما أخلاقيا عليها، وتحفزوا لمنع "الرذيلة المحتملة" التي تنتويها.

ورغم أن مجتمعنا المصري لا يتسامح مع المرأة فيما يخص السفر من أجل الاستكشاف والسياحة رغم أنها تكون سفرات متباعدة قصيرة الأجل، إلا أنه قد يتقبلها إذا سافرت للدراسة أو العمل وفي كل الأحوال فإن الشك فيها لا يتوقف.

وكما تحكي المدونة " آية عبد الرحمن" أنها التقت بزميل عراقي في رحلة عمل عرض عليها أن يذهبا لتدخين الشيشة، ولمَّا اعتذرت بأنها ليست مدخنة قال لها إن هذا غريب، فكل المصريات يدخن بشراهة. سألته من أخبره بهذا فقال: "السينما المصرية!!."

وتكمل "آية" قائلة:

ذات مرة كنت في رحلة عمل سريعة، أقمت بنزل حكومي متواضع، وقد أخبرني مدير المكان أن موعد العودة هو الحادية عشر مساءً على الأكثر للفتيات، وعدت بالفعل قبل الموعد بربع ساعة لأجد الباب مغلقاً ولا أحد يستجيب لطرقاتي. معنى هذا أنني أغامر بالسفر ليلاً ومواجهة خطر

الحوادث والمضايقات، أو أبيت في الشارع! طرقت طويلاً جدًّا وبعنفٍ حتى استجابوا، وخرج لي المدير متضايقًا من إزعاجي، فقابلته بغضبٍ شديد وتشاجرنا، برر فعلته بأن "كل البنات ترجع بدري عن كده"، ثم اعتذر عندما تمسكت بأنه ملزم بالمواعيد الرسمية.

كان هذا النزل حكوميًّا، ومعاملة هذا المدير مؤشر على نظرة المسؤولين أنفسهم لسفرنا كنساء، سفرنا غير متسامح معه، ويجب أن يخضع لمزاج الآخرين لننال صك الاحترام، لهذا لم أستغرب رفض البعض تأجير شقة لي في رحلة أخرى بحجة "لا نؤجر للفتيات الوحيدات"... وأتساءل بجدية: ماذا يتخيلوننا سنفعل بالضبط؟!!

انتهى كلام آية ولم بنته صداه في عقلي..

لماذا تتسع الأحداق عندما تعرب الأنثى عن رغبتها في السفر ؟ دعونا نحلل الأمر ..

أولا:

خوف وقلق الأهل، أو الخوف لأسباب دينية كقولهم مثلا " أنه لا يحل السفر بدون محرم" مستشهدين بحديث النبي صلى الله عليه وسلم.

أما الخوف والقلق فهو مبرر ومفهوم، وليس السفر قرارا حكيما للجميع بالطبع " ذكورا كانوا أم إناثا" وإنما هناك صفات يجب توافرها في المسافر مثل النضج والاعتماد على النفس وحسن التصرف .... الخ

ولكنه خوف نستطيع مناقشته من خلال إعطاء معلومات كاملة للأهل وطمأنتهم والتحدث معهم عن أحلامك واضعة إياهم في الصورة موضحة

أن المرأة قد تستطيع إدارة شؤونها أكثر من الرجل، ما الذي يمنع؟ ثم إن الانترنت المتوفر في كل مكان بالعالم لم يدع المجال للقلق، فبإمكانك التحدث مع عائلتك طوال الوقت وبأزهد الأسعار مكالمات صوتية أو مرئية واضحة، وإذا تأكدوا أنك في أمان سينتهي القلق وسيبدأون في الاستمتاع بالمغامرة ورؤية الأماكن بعينيكِ.

وأما عن الجانب الديني أو الحكم الشرعي، فلست أهلا للفتوى رغم دراستي الأزهرية ولكني أتعجب ولا أدري لماذا نحصر أنفسنا في زوايا ضيقة وقد يسر الله علينا فالشرع يبيح للمرأة السفر في صحبة آمنة.

وفتوى شيخ الأزهر معلنة ومعروفة حيث قال أن المذهب المالكي ومنذ العصر الأول من الإسلام أباح للمرأة الخروج إلى الحج دون محرم إذا كان معها رفقة مأمونة، وقد انتهى رأي العلماء في هذه القضية إلى تبني فقه الإمام مالك رضي الله عنه، في جواز سفر المرأة اليوم دون محرم متى كان سفرها آمنا بصحبة ترافقها أو وسيلة من وسائل السفر تمنع تعرضها لما تكره.

وأكد شيخ الأزهر على هذا الأمر قائلا أن سفرالمرأة في التراث الفقهي مشروط عند أغلب الفقهاء بمرافقة الزوج أو أي محرم من محارمها، لأن سفر المرأة بمفردها في تلك العصور بدون محرم كان أمرا صادما للمروءة والشرف ورجولة أفراد الأسرة، لما كانت تتعرض له المرأة آنذاك من سبي واختطاف واغتصاب في الصحاري المظلمة ليلا.

وتابع شيخ الأزهر، «أما وقد تغير نظام الأسفار في عصرنا الحديث وتبدلت المخاطر التي كانت تصاحبه إلى ما يشبه الأمان وتوفر الرفقة المؤمنة من الرجال والنساء ولم يعد السفر يستغرق ليالي وأياما، والاجتهاد الشرعي في هذه المسألة لا مفر له من تطوير الحكم من منع السفر إلى الجواز بشرط الرفقة المأمونة.

وعلى أية حال وإذا كان البعض يظن أنها رغم الفتاوى مخطئة مذنبة فليس له الحكم عليها أيضاولكل ذنوبه وأخطاؤه التي سيحاسبنا الله عليها لا الناس.. "وكلهم آتيه يوم القيامة فردا."

والعجيب أن من يرددون ذلك قد يضطرون أحيانا الى السماح لزوجاتهم وبناتهم بالسفر دون محرم لعدة اسباب منها ان السفر تم لضرورة كضرورة السفر للدراسة أو العودة الى الوطن لإنهاء إجراءات وأوراق ومنها وأن تذاكر الطيران مرتفعة الأسعار لذا من الصعب إرسال محرم مع نساءهم، لماذا الاعتراض على المرأة المسافرة إذن؟!

وعلى أية حال فالأفضل للخروج من كل هذا الخلاف ولجلب بعض الطمأنينة لقلب الأهل يفضّل أن تتفق الأنثى مع أحد أفراد أسرتها ممكن لديهم شغف السفر أخا كان أو أختا أو ابنا، وهو أمر طريف ومشجع على إعادة استكشاف أنفسكم وعلاقتكم أثناء الرحلة.

كيف أقنع أهلي بالسفر؟

أولا وقبل كل شيء وكما أسلفنا، إذا كان هناك حل يريحهم ويناسبك فلم لا؟

سافري مع أخوك، أو أختك أو أحد أولادك، وإذا كانت عائلتك من محبي السفر سافري معهم في رحلات عائلية تبقى ذكرياتها بداخل روحك أزمانا.

أما إذا لم يكن ذلك متاحا فدعينا ننطلق للخطة الثانية..

إقـــلاع

أولا:

_ كوني أنتِ مستعدة للسفر:

خذي الأمر على محمل الجد، وتأكدي من أن لديك كل المؤهلات المطلوبة في الأنثى المسافرة من ثقافة ودراسة ولغات تستطيعين التواصل من خلالها مع شعوب أخرى.

اجتهدي في دراستك أو عملك وواصلي التعلم واحصلي على شهادات دولية؛ بذلك تأخذين نفسك على محمل الجد إذ ليس الأمر مجرد قرار متهور أو مغامرة، بل هو إضافة للنفس وتطوير للشخصية على المدى الطويل.

ثانيا:

_ كوني أكثر نضجا واعتمادا على النفس..

لا تتوقعي من الأهل الموافقة على سفرك وأنت فتاة مدللة لا تستطيع تدبر أمورها، ولا تستطيع حتى غسل ملابسها.

كوني ذلك الشخص المسؤول الذي يعرف الجميع أن بإمكانهم الاعتماد عليه.

ثالثا:

_ركزي على الهدف:

اربطي سفرك بأهداف مباشرة، مثل الدراسة أو التطوع أو تطوير اللغة .... الخ.

رابعا:

_كوني على قدر من المسؤولية واستقلي ماديا:

يعتقد كثير من الأهل أن السفر مضيعة للمال، فلا تتوقعي أن تقنعيهم بالسفر وأنت غير معتمدة على ذاتك ماديًا، فالاعتماد المادي على النفس يعتبر إثبات لجدّيتك ورغبتك الشديدة في السفر.

خامسا:

_أخبريهم عن نماذج ناجحة من فتيات سبق لهم السفر:

فهذا يقلل من خوفهم وقلقهم ويجعلهم أكثر تقبلا للأمر.

*وأخيرا اهدئي ولا تتعجلي الأمور، وكوني مؤمنة بأن كل شيء مكتوب لك ستحصلين عليه حتما مهما كانت الظروف.

أما البنات والنساء المسافرات فأنا أنتظر تجاربهن وقصصهن على حسابات التواصل الاجتماعي الخاصة بي، لأرى بأعينهن وأسمع بآذانهن قصصا لم أعشها بعد.

****

قـــالوا عــن السـفر

_"إنه السفر .. يتركك صامتاً , ثم يحوِّلك إلى قصّاص ".

ابن بطوطة

_ "المغامرة تستحقّ العَناء" .

إيسوب

"_نحن نسافر، و يستمر سفر بعضنا للأبد , للبحث عن أماكن أخرى
و حياة أخرى و أرواح أخرى " .

أنيس نين

_تَغَرَّب عَنِ الأَوطانِ في طَلَبِ العُلا

وَسافِر فَفي الأَسفارِ خَمسُ فَوائِدِ

تَفَرُّجُ هَمٍّ وَاِكتِسابُ مَعيشَةٍ

وَعِلمٌ وَآدابٌ وَصُحبَةُ ماجِدِ

_قصر النظر من عدم السفر.

_من لم ير إلا بلده يكون قد قرأ الصفحة الأولى فقط من كتاب
الكون.

_لا يسافر المرء لكي يصل، بل لكي يسافر.

_ما أعشقه في الأسفار هو دهشة العودة.

_ليس هناك شيء يطور الذكاء مثل الأسفار.

_ معادلتي الصعبة : أحب السفر .. وأكره الرحيل.

إقــــلاع

_ اضرب في أرجاء الدنيا سافر حيث شئت.. سترى أشياء كثيرةٌ في العالم تغنيك.. تفتح أمامك آفاقًا لم تكن تخطر لك على بال كل هذا يجددك.

_ المسافر يجمع العجائب ، ويكسب التجارب ، ويجلب المكاسب.

****

جامعـــوا الأحـــلام

"من أجمل ما قرأت عن السفر"

بقلم الرائع: أحمد خالد توفيق

من كتاب":شاي بالنعناع"

جامع الأحلام

عرفت هذا الرجل منذ أعوام.. قابلته في الدقي..

منذ زمن عرفت أن أنماط البشر معدودة يمكن أن تصنف كل واحد منهم في قائمة.. مثلًا هناك قائمة (الترافولتيات) التي تضم كل شاب رياضي طويل القامة مهذب خجول قليلًا، له ضحكة لطيفة تبدأ من العينين، وهذه القائمة تضم بالتأكيد جون ترافولتا والخطيب وإيمان البحر درويش وصديقي أستاذ طب العيون.

هناك مثلًا قائمة الدريات، وهي تضم درية شرف الدين وسحر رامى وآلى ماكجرو.. هناك قائمة الشارونيات وتضم كل حلوف بري متضخم البطن شديد الفظاظة، وبالطبع تضم الجنرال شارون مع آخرين لن أذكرهم تفاديًا لمقاضاتي.. أنا نفسى أنتمى لذات القائمة التى ينتمى لها محمود محيى الدين وزير الاستثمار فى العهد السابق، وعندما أرى صورته فى جريدة أشعر بحالة انعدام وزن للحظة. وكان الأستاذ الرائع أحمد رجب يقول إنهم يستوقفونه فى كل المطارات لأنهم يشتبهون به.. عرف فيما بعد أنه يشبه جدًا أحد زعماء المافيا الأقوياء.

عندما قابلت الأستاذ عارف وجدت أنه لا ينتمي لأى قائمة عرفتها.. لا أذكر أنى عرفت هذا النمط من قبل.. نظارة.. نظرة كئيبة مرهقة.. شعر مجعد شاب نصفه.. فى الخمسين من عمره.. متزوج لكنك لا تشعر بتاتًا بذلك ولا يتكلم عن أسرته أبدًا.

كان يحضر دورات فى اللغة الروسية فى أحد المراكز هناك.. وكان يجيد قول (داسفيدانيا) و(سباسيبا) كالعادة، ويتكلم بلا توقف عن تشيكوف وماكسيم جوركي.

عند لقائنا الثانى اكتشفت أنه يحضر دورات فى اللغة الألمانية فى مركز آخر.. ألا ترى إنك تبالغ قليلًا يا أستاذ عارف؟

قال لي فى حماس:

"-اللغات مهمة جدًا.. تعمق خبراتك بالحياة وتجعلك تفهم العالم"

لكنه ظل لغزًا بالنسبة لي.. هل عمله يجعله يقابل الكثير من الأجانب مثلًا؟ هل هو كثير الأسفار؟ عرفت فيما بعد أنه موظف في السجل المدني في درجة إدارية لا تبشر بالكثير.. هناك وظيفة لا مستقبل لها اسمها (المساعد الاعتباري) فى الأدب الروسي، وهي الوظيفة التى ينتمى إليها أي بطل يريد المؤلف ألا يكون له وزن ولا أهمية.. لنقل إن الأستاذ عارف هذا كان أقرب إلى المساعد الاعتباري.

إذن هو لا يؤدي وظيفة تتطلب هذا العلم باللغات.

بعد هذا وجدت أنه يقترض كتبًا عن البلدان من المكتبة العامة، ويعد دراسات مطولة عن بلدان بعينها مثل السويد وألمانيا.. إلخ.. سألته عن

سبب هذا الحماس، فقال لى إنه يحب أن يعرف كل شيء عن البلد قبل أن يزوره.. إن الأسفار توسع مداركك وتجعلك تعرف العالم أكثر.. المهم أن تعرف أين تذهب ومن تقابل ومتى..

كان الأمر يتجاوز الهواية.. هناك كمية معلومات غير عادية لديه بدءًا بأفضل المطاعم التي يمكن شراء الأكل الحلال منها، وطريقة تبديل العملة، وأماكن العثور على أرخص عروض التسوق.. إلخ.. إلخ. هنا دليل مفصل لمن يرغب فى زيارة البلدة.

كنت أتفحص دليلًا من هذا الطراز فى ذهول.. صور ومعلومات وفهارس وأرقام هاتف.. كان يتكلم عن باريس بدقة مروعة، فقال لى صاحبنا:

"-العرب لا يهوون السفر.. منذ أيام الرحالة العظام من طراز ابن بطوطة وسواه، صار العرب أكثر ميلًا للاستقرار فى مكان واحد.. ويمكنك بسهولة أن تدرك أنهم تدهوروا منذ فقدوا غريزة السفر"

قلت له:

"-لكنك تجد العرب فى كل مكان من العالم اليوم"

"-أنت تتحدث عن العرب الذين يذهبون إلى باريس مثلًا، فلا يرون أى شيء من باريس.. يتسوقون في الشانزليزيه طيلة اليوم ثم يهرعون إلى الفندق ليلقوا بحقائب مشترياتهم، ثم يهرعون من جديد لشراء المزيد.. ثم يخبرهم أحدهم بأن هناك متاجر رخيصة اسمها (الاينلت) فيهرعون إلى هناك. عندما لا يبقى من الوقت إلا يوم، يجرون ليلتقطوا صورًا لهم بسرعة أمام قوس النصر وبرج إيفل ليثبتوا أن ما اشتروه كان من هناك..

هؤلاء لم يروا باريس وكان بوسعهم أن يحققوا نفس النتيجة لو زاروا أى مول فاخر فى بلادهم"

قلت له:

"-أنت خبير في باريس فعلًا"

قال في ثقة:

"-طبعًا.. صحيح أنني لم أرها قط، لكن عندما أذهب هناك ستكون المهمة سهلة"

كان يزداد خبرة وعمقًا.. كما أنه كان يقابل العائدين ويصغي لهم باهتمام. وكم من مرة قال لي:

- "أنت لا تعيش حقًا.. كل من لا يسافر ولا يرى العالم هو جثة تتحرك لا أكثر"

الحقيقة أنني كنت أمقت السفر.. يبدو أن جدي كان من تلك الأشجار التي تولد وتشيخ وتموت فى ذات المكان. عندما أنتوي السفر لمكان ما أصير عصبيًا جدًا ولا أنام جيدًا وأتشاجر بسهولة كأنني ذاهب إلى العالم الآخر لا إلى بلد آخر.. يتساوى الأمر سواء كنت ذاهبًا إلى السنطة أو تفهنا العزب أو النرويج.. فإذا جاءت ليلة السفر خيل لك إنها ليلة إعدامي، مع كل هذه العصبية وضيق الخلق.

يبدو أن أبي يرحمه الله هو الذي أعطاني هذا الطبع.. كان يقول لى إن كل الأماكن تستوي فيما بينها، وأنه يمكن أن أقوم بتغيير لافتة (طنطا) بلافتة

أخرى تقول (كوبنهاجن) لأكون هناك بلا مجهود.. طبعًا ليس هذا الكلام صحيحًا لكنني أعتنقه إلى حد ما.

الأستاذ عارف كان يختلف بخبراته المذهلة فى البلدان.

كان يعرف كيف يصل لمتحف مدام توسو في لندن، وبالطبع يعرف كيف يزور المتحف البريطاني.. هو لا يحب حي سوهو بشكل خاص لنفس الأسباب التى يمقت من أجلها شارع بيجال في باريس وباتايا في تايلاند.. هو لا يحب بائعات الهوى.. كان قادرًا على زيارة مسجد آيا صوفيا فى اسطنبول ويعرفه شبرًا شبرًا.. مساجد تركيا رائعة الجمال فعلًا:

"-لا تنس أن لمسات المصريين الفنية هى التى صنعت هذا كله.. لقد سرقوا الصناع المهرة معهم إلى الآستانة"

أعتقد أنه قضى وقتًا طويلًا على ضفاف البحر الأسود، وجرب كثيرًا صيد سمك الحفش.. فتح السمكة ورأى كيف يتراص الكافيار بالداخل.. لكنه بالطبع لا يتذوقه.. إن طعمه شديد (الزفارة) ولابد أن يعالج صناعيًا أولًا قبل أن يؤكل.. سمك الحفش يصنع دخل إيران وروسيا.

كان يسعل كثيرًا فى الأسبوع الماضي بسبب استنشاق فضلات الخفافيش فى كهوف أمريكا الجنوبية.. عندما تدخل الكهف دون حذر فإنك تستنشق فطر (هستوبلازما) الذى يدمر الرئتين تدميرًا. عرضت عليه أن أعطيه بعض حقن أمفوتريسين لعلاج داء الهستوبلازما، ثم تذكرت أن هذا كله خيال في خيال.

إن شمس منتصف الليل مرهقة للعينين فعلًا، لذا تؤلمه عينيه مؤخرًا.. الأسوأ هو أن تمشى لساعات وسط الثلوج فى ألاسكا لأنك تصاب بعمى الثلوج.. عندما سكنت في شقتي الجديدة قبل أن أقوم بتأثيثها، كانت كل الجدران بيضاء.. أصابني نوع من العته من السير وسط هذا الفراغ الأبيض وشعرت بأن الضباب يغزو كل شيء ويتسرب لعقلي.

هناك مشكلة أخرى هى أن تدبر الطعام لكلاب الهسكي الجوعى التي تجر زحافتك على الثلج.. أنت تعرف أن هذه الكلاب تأكل نفس الكميات التي يأكلها شخص بالغ.

عندما تذهب إلى نيوزيلاند فعليك أن تعرف عادات قبائل الماوري.. اللحم المشوي تحت التراب.. الهاكا التي يرقصونها قبل مباريات الرجبي. مخيفة جدًا على فكرة.

من الممتع أن تجرب رحلات الخلاء وأنت في الجزيرة العربية.. البحث عن الكمأة ثم العثور على الضب وشيه.. سوف تعتاد منظره ومذاقه بعد قليل.. إن لحمه لذيذ فعلًا.

جاءت اللحظة التى سألته فيها عن البلاد التى رآها.. لابد أنه زار بلدًا أو اثنين.. على الأقل كل مصري أعرفه رأى العراق أو ليبيا أو دول الخليج، سواء بحكم العمل أو للقيام بالحج والعمرة في المملكة العربية السعودية.

هنا جاءت آخر إجابة أتوقعها:

"-أنا لم أغادر مصر قط! لم أغادر القاهرة قط! كل هذه المعلومات أعرفها من الكتب"

إقـــلاع

قلت له وقد نفد صبري في النهاية:

" -أرى أنك أعددت نفسك كثيرًا جدًا جدًا.. ألا ترى أن الوقت قد حان

للسفر لمكان ما؟"

نظر لي في عدم فهم فقلت:

" -كل المال لا قيمة له ما لم تنفقه.. وأنت تملك خبرات عظيمة"

إقــــلاع

فى النهاية قال لي في حزن:

" -أنا في الخامسة والخمسين من عمري، ولم يعد هناك وقت كاف لرؤية أى شىء أو السفر.. ليس عندي مال كاف للسياحة. ثم أن الحقيقة التي أخفيها عن الجميع هي.. هي".

وأشاح بوجهه فى خجل:

" -أنا أخاف ركوب الطائرات جدًا"!

ثم قال وهو يتنهد:

" -المطارات مكان مرعب.. تخيل نفسك فى مكان واسع ممتد تشعر فيه بالضياع.. الكل يجرى مذعورًا.. وفي كل لحظة يدوي من مكبر الصوت صوت مفعم بالصدى لا تفهم منه حرفًا واحدًا.. رسالة تتكرر بالعربية والإنجليزية والفرنسية وأنت لا تفهمها"!

يمكنني أن أفهم ما يعنيه، واسمه (أجورافوبيا).. وهو نوع مشهور من الذعر.. لكنني لن أذكر له اسم هذا المرض حتى لا يقع فى ذعر آخر اسمه (الذعر من الأسماء اللاتينية المعقدة).

هذه هي مأساة الإنسان على كل حال.. قد يقضي حياته في جمع المال ثم لا يجد الوقت كي ينفق مليمًا، أو ينفق المال على المستشفيات التي تعالجه من الفشل الكلوي أو السرطان.. قد يدخر العواطف وفي ذهنه أن يسكبها عند قدمي امرأة يمنحها كل شيء.. في كل مرة يتضح أن المرأة لا تستحق أو هي المرأة الخطأ أو لا يقابلها أبدًا.

هنا يقوم صاحبي بجمع الخبرات فى حماسة.. وهو لن يستعملها أبدًا.. لا وقت ولا شجاعة ليستعملها.. أن تجمع المعلومات عن البلدان وأنت لا تنوي ركوب الطائرة أبدًا هو نوع من العبث.

هنا لاحظت ملامحه بعناية.. لم يخطر ببالي أنه ينتمي فعلًا لنمط من الأشخاص والوجوه.. هذا النمط هو نمطي أنا.. هذه ملامحي أنا.. نمط جامعي الأحلام الذين لا يظفرون بأحلامهم لأنهم يخشون المخاطرة أو يمقتونها.. لهذا يقضون وقتهم في كتابة الكتب عن أحلامهم تلك.

اتصلت بصديقي بعد أيام لأخبره أن عليه أن يستجمع شجاعته ويذهب لمكان ما قبل أن يموت. عرفت أن كلامي أثر فيه كثيرًا لهذا ذهب يجرب الأسفار.. هناك قرية صغيرة اسمها (كفر الشحاتين) جوار القاهرة، وقد ذهب هناك ليجرب خبراته بضعة أيام. صحيح أنه لن يجد برج إيفل ولا قوس نصر ولا شلالات نياجرا، لكنه على الأقل سيشعر بأنه مسافر لمكان ما!

من يدري؟ ربما أحزم حقيبتي وألحق به هناك لأمضي أيامًا في السياحة.. فلا حياة من دون مخاطرة.

د.أحمد خالد توفيق

عـــادات وتقـــاليـــد الشعـــوب

من أين تأتي عادات وتقاليد الشعوب؟!

لكل شعب من شعوب العالم عادات وتقاليد تميزه عن غيره من باقي الشعوب، وكثيرا ما تكون هذه العادات وليدة حكايات شعبية، أو أساطير يتناقلها الأحفاد عن الأجداد، ويتمسكون بها خوفا عليها من الضياع في متاهات التقدم والحضارة.

كما أن مصطلح "العادات والتقاليد" يعدّ مفهوما معقدا بعض الشيء؛ لارتباطه واتصاله بمفهوم أكبر وأشمل ألا وهو "الثقافة"، حيث تمثل العادات والتقاليد جزءا من ثقافة كل مجتمع.

ونظرا لاختلاف اهتمامات البشر وجنسياتهم وأديانهم؛ فإن عاداتهم وتقاليدهم تختلف من مجتمع لآخر، ومن بلد لآخر.

وتعتبر تلك العادات والتقاليد ملزمة للأفراد داخل كل مجتمع، يعتبرونها قوانين لا يمكن تجاوزها، بل قد يعاقب الفرد أحيانا في بعض المجتمعات إذا تجاوز عادات وتقاليد وأعراف البيئة المحيطة به.

وتستمد التقاليد والأعراف قوتها من ارتباطها بشكل مباشر بالسلوكيات والتربية أحيانا، وبالدين والمعتقدات أحيانا أخرى.

ومن ثمّ فقد صارت العادات والتّقاليد جزءاً لا يتجزأ من ثقافة وحياة الشعوب، وتحوّلت من مُجرد أفكار وآراء إلى أُسّس ثابتة لا يُمكن تغييرها، أو تجاوزها، أو تحديثها، وتطويرها، أو التخلي عنها.

****

غرائب حول العالم

غرائب عادات وتقاليد الزواج حول العالم

تختلف عادات وتقاليد الزواج من بلد إلى آخر ومن قارة إلى أخرى، فمنها ما يثير العجب ومنها ما تشمئز له النفس، ومنها ما تذوب له المشاعر. وتعتبر هذه العادات والتقاليد جزء لا يتجزأ من ثقافة الشعوب.

وعلى الرغم من قدم بعض هذه التقاليد وغرابة بعضها؛ إلا أن بعض الشعوب ما زالت تتبع تلك التقاليد الغريبة في الزواج حتى عصرنا الحاضر.

في الصين عادات غريبة حقا في الزواج، منها مثلا أنه يجب على العروس البكاء يوميا لمدة شهر قبل الزفاف!!.

ومن شروط برنامج البكاء اليومي أن يكون بمعدل ساعة يوميا، وبعد عشرة أيام ينضم الوالدة والجدة إلى العروس في برنامج البكاء هذا، وبنهاية الشهر تنضم كامل العائلة إلى برنامج البكاء اليومي الذي يعتبر من أبجديات الزواج في الصين.

لا أدري لماذا يحضرني هنا ذلك المشهد من مسرحية ريا وسكينة، حين تقول سكينة لريا "لا..أنا معنديش نفس أعيط (أبكي) عيطي انتي".لابد أن هذا هو لسان حال أفراد عائلة العروس أو بعضهم على الأقل، فلا أظن أبدا أن من السهولة بمكان استدرار دموع الحزن أو حتى الفرح لمدة شهر

كامل!! ولو كان الأمر تباكيا مفتعلا فما فائدته من الأساس! لابد أن وراء الأمر قصة.ألا ترون معي ذلك؟

وفي الصين أيضا ترتدي العروس اللون الأحمر المبهج، وهو اللون المحبب في الصين ويعتبرونه دليلا على البهجة والفرح، أما اللون الأبيض فهم يعتقدون أنه لا يصلح إلا للمآتم والجنائز والأحداث السيئة والحزينة.

ومن غرائب الصين في الزفاف أيضا، أن العريس يذهب لاصطحاب العروس؛ لكن أصدقاء العروس يتصدون له ويخبرونه بأنها لن تذهب معه، فيقوم بتوزيع أظرف بها نقود لإقناعهم بأن يتركوا عروسه تذهب معه .

وفي سابقة هي الأغرب ضمن عادات الشعوب المختلفة في الزواج، تقوم بعض القبائل في الصين بأمر عجيب؛ حيث يجبر أهل العروس العريس وأهله على جمع الذباب واصطياده من أماكن النفايات وجذوع الأشجار باعتباره مهرا، وعلى العريس أن يأكل الذباب الذي اصطاده أمام العروس التي يريد الزواج منها!.

وفي مكان آخر من الصين تتم الخطبة دون أن يرى العريس عروسه، ويقوم أهل العروس بتزيينها ووضعها في صندوق خاص مغلقين عليها الباب ويحملونها إلى خارج البلدة ليقابلوا العريس ويعطوه مفتاح الصندوق ليرى الزوجة؛ فإن أعجبته أخذها إلى بيته وإن لم تعجبه ردها إلى أهلها.

وكما أن للصينيين عاداتهم في زواج الأحياء فإن بعض مناطق الصين تهتم بزواج الموتى أيضا، فبعض العائلات الريفية تعتقد أن الحظ السيء يرافق

من مات عازبا؛ وحتى يتجنبوا مرافقة الحظ السيء له بعد الموت فإنهم يرتبون طقوس الزواج بين الأزواج المتوفين.

نعم.. إن الأمر يبدو كما تخيلته الآن تماما.يخرجون جثث الموتى من توابيتهم من القبور وينظفونها ثم يلبسونها ملابس الزفاف لتنفيذ الحفل والطقوس طبقا للأعراف الصينية في تلك المناطق من الصين.

ومن الصين إلى ألمانيا حيث يُعدّ إلقاء الأرز على العروسين من أبرز تقاليد الزواج في ألمانيا فهم يعتقدون أن إلقاء الأرز على العروسين يكون سببا للخصوبة والنسل الوفير.

كما تحيط وصيفات العروسة بها بغرض حمايتها بغرض حمايتها من الأرواح الشريرة.

وفي ألمانيا أيضا يجتمع أهل العروسين وأصدقائهم ليقوموا بكسر الزجاج والبلاط والأطباق والمراحيض والمرايا في بيت العروسين كطقس من طقوس الزواج؛ حيث يعتبرونه من باب تهنئة العروسين.

وبعد أن ينصرف الأهل والأصدقاء يقوم العروسين بتنظيف المكان لتبقى ذكرى لهما في بداية حياتهما!!!.

أما عن الهند _بلد العجائب_ فلن أخبركم أن أهل العروس فيها يدفعون للعريس المهر؛ فلا بد أنكم تعرفون هذه المعلومة الشائعة بالفعل.لكن ما لفت انتباهي حقا هو أن الهنود يعتبرون اللونين الأبيض والأسود ألوان حداد ولا يجوز لبسها في الأفراح لأن ارتداء اللون الأبيض أو الأسود يشعرهم بالتشاؤم.

كما أن الأساورالكثيرة في يد العروس تعتبر أساسية في حفلات الزواج الهندية؛ حيث يعتقدون أن احتكاك الأساور يعمل على تنشيط الدورة الدموية ويجعل العروس أكثر حيوية وانطلاقا في يوم الزفاف.

وأيضا في الهند يسود الاعتقاد بأن لون الحناء الداكن جدا على اليدين والقدمين هو دليل على حب العروس لزوجها، والعروس ممنوعة تماما من ممارسة الأعمال المنزلية طالما ظل لون الحناء على يديها، وأظن أن من هنا جاء المثل المصري " على ايديها نقش الحنة !؟"؛ يقال هذا المثل لمن تمتنع عن القيام بالأعمال المنزلية أو تشارك فيها.

ومن أغرب الطقوس في الهند عادة إهداء العروس السكين والأشياء المعدنية الحادة، منذ الخطوبة وإلى الزفاف، وذلك لحمايتها من تقدم عريس آخر إليها، وتمارس هذه العادة بعض العائلات الهندوسية حتى الآن. و من الضروري في الطقوس الهندوسية أيضا للزواج والزفاف، أن تدخل العروس إلى منزل زوجها بالقدم اليمنى، ثم تركل وعاء مملوء بالأرز أمام بيتها، لضمان الحظ الجيد لها في ظل أسرتها الجديدة.

وأخيرا دعونا نختم الكلام عن عادات الزواج الهندية بهذه العادة المرعبة ألا وهي جلد العريس في يوم الزفاف!!

لماذا؟!

ليثبت للجميع أنه من أقوى الشباب وليتأكد الجميع أنه جدير بالعروس طبعا. إنكم تسألون أسئلة غريبة جدا(:

ومن الهند إلى قبائل الماساي التي تعيش في افريقيا الشرقية، تحديدا في دولتي كينيا وتنزانيا، فما زال شعب الماساي يعيش بنفس الطريقة التي عاش بها أسلافه قبل قرون؛ فهم يشعلون النار بحك غصنين جافين من القش ويتميزون بطيبة القلب وكرم الضيافة ويهتمون بالأغنام ويرعون الأبقار ولا يبالون بالوقت.

لكن أغرب ما يميز قبائل الماساي هي عادات وطقوس الزواج، فهم يزوجون الفتيات قبل ولادتهن أحيانا وربما يتزوج رجل الماساي 10 زوجات أو أكثر، أما الحاكم فإنه يجوز له أن يتزوج بـ70 امرأة أو أكثر!

وربما كانت كثرة الحروب القبلية بينهم وبين القبائل الافريقية الأخرى هي سبب تلك الزيجات الكثيرة.

على أي حال لا أنصحك عزيزتي بالزواج برجل من قبائل الماساي؛ فالرجال هناك لا يستحمون إلا في موسم الأمطار على الأغلب!.

أما في اندونيسيا فإن تقاليد الزواج مختلفة؛ فالشاب يتزوج في سن السابعة عشر من عمره، والفتاة تتزوج في سن أصغر من ذلك.

ورغم أن تكاليف الزواج بسيطة وحفلات الزفاف غير مكلفة؛ إلا أن العروسين لا يسكنوا في منزل خاص بهم، بل إنهم غالبا ما يسكنون في بيت أحد أهالي العروسين الذي يكون غالبا عند أهل العروس.

أما إذا أراد الزوجين الاستقلال والسكن في بيت منفرد فلا بد أن يكون منزلهما بالقرب من منزل أهل العروس أيضا.

ومن الغريب في اندونيسيا أن العرف يتغلب على الدين أحيانا؛ فرغم جواز الزواج من الأقارب في الإسلام إلا أن الشاب في اندونيسيا لا يسمح له أبدا بالزواج من أقاربه كبنات عمه وخاله، بل ولا يتزوج حتى من معارفه أو جيرانه أو بنات بلدته، بل يجب عليه الزواج من فتاة من بلدة أخرى بعيدة عن بلدته!

ومن التقاليد الغريبة في اندونيسيا أن العروس لا يسمح لها بالخروج من منزلها أبدا وهي مخطوبة، سواء استمرت خطبتها ليوم أو لألف يوم!

أما في يوم العرس فيوضع بين العريس والعروس حاجز سميك لا يسمح لهما بتجاوزه إلا إذا غنى العريس لعروسه الكثير من الأغاني الرومانسية، عندها يتم إزالة الحاجز ويجلسان بجوار بعضهما بشكل طبيعي.

ومن الطريف في يوم العرس أن العروس لا ينبغي أن تلمس قدميها الأرض وهي ذاهبة إلى بيتها؛ فيضطر والدها إلى حملها على ظهره من منزله إلى منزل زوجها مهما كانت المسافة!

كذلك أيضا في جزيرة جاوة الاندونيسية تصبغ العروس أسنانها باللون الأسود لتصبح أكثر جمالا في عيون زوجها.

أما في منطقة جنوب المحيط الهندي يقوم المأذون أو القائم على أمر الزواج بضرب رأس العروس برأس العريس لإعلان الزواج.

كما أن العروس في جزيرة جاوة الاندونيسية تغسل قدم عريسها في يوم الزفاف أمام الحاضرين؛ لتثبت وتبرهن له أنها قادرة على خدمته طوال حياتها.

أكاد أرى شبح ابتسامة على ثغوربعض القراء من الرجال، ومساهمة مني في رفع روحكم المعنوية دعوني أخبركم أن العريس في الصومال يقوم بضرب عروسه علقة ساخنة يوم الزفاف أمام الحاضرين؛ ليعلن للجميع أنه صاحب الكلمة المسموعة في البيت، فإذا تحملت العروس ضربه لها فهذا يعني أنها ستكون زوجة صالحة تتحمل مسؤوليات الحياة الزوجية.

ولا أريد أن أتحدث عما يحدث فى قرى جرين لاند حيث يقوم العريس يوم العرس بجر عروسه من شعرها، من بيت أهلها وحتى بيت الزوجية، وذلك ليعلمها إنه سيكون سيد البيت، والآمر الناهى من يوم الزفاف وإلى آخر العمر..!.

يطرب بعض الرجال لدى سماعهم بتلك العادات، رغم أنني لا أتوقع أبدا أنهم يشجعون عليها.

وقبل أن يغضب عليّ جمهور النساء والفتيات دعوني أخبركم عن عادات وطقوس الزواج في كينيا، حيث يرتدي الزوج بعد مرور شهر على الزواج الزي النسائي؛ ليدرك ويعي حجم المسؤولية الملقاة على عاتق المرأة، وكيف أنه من الصعب أن يقوم بدورها في الحياة!.

وفي جنوب الهند تختبر العروس عريسها بشكل قاس جدا؛ حيث تصحبه إلى الغابة وتشعل النار ثم تقوم بكيّ ظهره العاري وإذا تألم ترفضه وتفضحه أمام فتيات القبيلة!.

لا أعرف تحديدا سبب هذه العادات والطقوس الغريبة، لكن ما أعرفه حتما أن الزواج رباط مقدس تكتمل به قصة حب بين طرفين ارتضيا

واختارا أن يقضيا ما تبقى من حياتهما معا..يكبرا معا ليتشاركان الحياة بأفراحها وأتراحها.

أما ما يحدث أثناء ذلك من غرائب وطرائف وطقوس غريبة خارجة عن السياق؛ فهي تهدف على الأرجح إلى صعوبة الطريق نحو الزواج للاحتفاظ به فيما بعد.

وبالرغم من تطور الحياة إلا أن هناك من يتمسك بهذه العادات وتلك الطقوس حتى الآن، فرغم أنها قد تكون غريبة وعجيبة بالنسبة إلينا؛ إلا أنها ما زالت تمثل ثقافة شعوب تمسكوا بها وتناقلوها عن أجدادهم؛ وذلك لأنهم يؤمنون أنها تمثل موروثا ثقافيا لا يستطيعون الاستغناء عنه.

إقــلاع

في مصــر

إلـى أيـــن أذهـــب؟!

دلـيل السـياحة الداخلية بمصر
للمصريين والعـرب والأجانب

القاهـــــــرة الكبـــرى

دعوني أذكر لكم هنا أمثلة لبعض الأماكن الجديرة بالزيارة في القاهرة الكبرى على سبيل المثال لا الحصر، مع مراعاة أن الأذواق تختلف من شخص إلى آخر فعشاق التاريخ يختلف ما يعجبهم عن عشاق المعمار والبناء وهكذا..

_الأهـرامات.

_قلعـة صلاح الدين الأيوبي.

_بـرج القاهـرة.

_قصـر البـارون.

_قصـر عـابدين.

_المتحـف القومي للحضـارة المصرية.

_المتحـف المصـري.

_ متحـف الفن الإسلامي.

المتحف القبـطي _.

_متحـف أم كلثـــوم.

_مسجد محمد علي.

_مسجـد السلطـان حسـن.

_جامع ابن طولون.

_الجامع الأزهـر.

_منطقة الحسـين وخان الخليلي.

_مسجـد عمرو بن العـاص.(أول مسجد في افريقيا(

_مسـجد أحمد بن طولون.(أكبر المسـاجد مسـاحة في القاهـرة.(

_الكنيسـة المعلـقة.

_مسجد الحسين.

_بـاب زويـلة.

_حديقة الأزهـر.

_حديقة الفسطاط.

_الحديقة الدولية.

_حديقـة الأسـرة. (تجـربة فريدة.(

_رحلات نيليـة.

_مدينة كيدزانيـا. (تجربة مميزة جدا للأطفال.(

*أسـواق ومـولات:

_خان الخليلي.

_مول سيتي ستارز.

_مول سيتي سنتر.

_داندي ميجـا مول.

_كايرو فيستيفال.

****

الإسكندريـــــة

_قلعة قايتباي.

_مكتبـة الإسكندرية.

_محطة الرمـل.

_متحف الاسكندرية القـومي.

_المسـرح الروماني.

_المتحف اليوناني الروماني.

_قصـر المنتزه.

_متحف الأحيـاء البحـرية.

_متحف المجوهرات الملكية.

_عمود السـواري.

_مقابـر كوم الشقافـة.

_المدن الغارقـة في أبي قيـر.

_حدائق المنتزه.

_حدائق الشلالات.

_كورنيش الإسكندرية.

_كوبري ستانلي.

_افريكانو بارك.

_مسجد القائد إبراهيم.

_مسجد المرسي أبو العباس.

_الكاتدرائية المرقسية بالإسكندرية.

_سوق زنقة الستات.

****

الأقصــــر وأسوان

يعتقد بعض الناس أن الأقصر وأسوان متجاورتان، لكن الحقيقة أن المسافة بين المدينتين تصل إلى نحو 238 كيلومتر؛ أي ما يقارب ثلاث ساعات ونصف بالسيارة، ويمكن استقلال القطار أيضا.

لكنني أرشح لكم رحلات "النايل كروز" الرائعة بين المدينتين، حيث يتهادى المركب العائم في النيل من أسوان إلى الأقصر أو العكس مارا بمعظم المزارات والمعالم السياحية الشهيرة في الطريق، أذكر لكم منها على سبيل المثال لا الحصر:

_معبد الكرنك، ويسبقه طريق الكباش الشهير.وتقام فيه عروض الصوت والضوء في المساء تشرح للزوار تاريخ المعبد، وتبلغ تكلفتها تقريبا

250 جنيه أي ما يعادل 15 دولار وتعتبر هذه أعلى تكلفة مقابل المزارات أما باقي المعابد والمتاحف فتصل أسعار تذاكر الدخول للسياح إلى النصف تقريبا.

_معبد الأقصر.

_معبد دير الملوك.

_الدير البحري (معبد الملكة حتشبسوت).

_وادي الملكات.

_متحف الأقصر.

_معبد فيلة. (أسوان)

_معبد كوم امبو. (أسوان)

_القرية النوبية بغرب سهيل بأسوان. (لا تفوتكم)

****

الغـــردقة وشـــرم الشيـــخ

_تقدر المسافة بين مدينتي الغردقة وشرم الشيخ بـ117 كيلومتر، ويعد السفر برّاً هو الوسيلة الوحيدة للتنقل بين المدينتين.

**ومن المعالم الطبيعية الساحرة في شرم الشيخ:

_خليج نعمة.

_خليج القرش.

_محمية رأس محمد.

_جزيرتي تيران وصنافير.

_محمية نبق.

_الغرقانة.

ومن المعالم الدينية:

_مسجد السلام.

_مسجد الصحابة.

_كنيسة السمائيين.

_أنصحكم بتجربة الغواصة لمن يخشى تجربة الغطس منفردا، فأنتم في تلك التجربة تركبون غواصة بها نوافذ زجاجية لتستمتعوا بالغوص بين أسماك البحر الأحمر في أمان تام وتجربة فريدة.

****

بـــورســعــــيد

_المعدية من بور سعيد إلى بور فؤاد وهي مجانية تماما وأجمل فقرة تعيشها في بورسعيد حيث النوارس تحلق فوق صفحة المياة.وتستطيع ركوب المعدية بسيارتك أيضا فهي تتسع للمشاة والراكبين، والآن وصلت إلى الجانب الآخر في بور فؤاد؟! أهنئك فأنت الآن في قارة آسيا؛ حيث أن هذه المدينة (بور فؤاد) تقع في قارة آسيا.. وإذا تجولت فيها ستنبهر بشكل المعمار والبيوت على الطراز الأوروبي وكأنك انتقلت من بلد إلى آخر؛ بل أنك بالفعل انتقلت من قارة إلى أخرى.

_حديقة فريال، وحديقة المسلة والمنتزه، وهي حدائق عامة بلا أسوار تستطيع التنزه فيها والتقاط الصور كما يحلو لك.

_كورنيش بورسعيد "الممشى الساحلي."

_فنار بورسعيد.

_شواطيء بورسعيد المميزة، وهي شواطيء عامة بلا رسوم دخول، وتوجد أيضا شواطيء خاصة بسعر زهيد (أعتقد 30 ج للفرد.)

_شارع طرح البحر.

_سوق السمك لاختيار أجمل وأجود أنواع الأسماك، ويمكنك أخذ وجبتك لتستمتع بأكلها على الشاطيء، أو يمكنك الاستمتاع بالكافيهات والمطاعم المطلة على البحر والتي ترتفع أسعارها عن سوق السمك.

_لابد أن تجرب حلوى شهيرة جدا وحصرية في بورسعيد اسمها "الكاساتا"، وأشهر مكان يبيعها اسمه "سلسبيلا."

_بورسعيد مدينة صغيرة يمكنك التنقل فيها بالتاكسي بسعر زهيد جدا (15 ج) تقريبا وهو ما يعادل 1 دولار.

_لو كنت من عشاق البراندات _سواء في الأكل أو الملابس_ ستجد كل ما تحتاج إليه أيضا.

****

ولأنني لن أستطيع تغطية كل الأماكن الرائعة والمحافظات لأن ذلك يحتاج كتابا منفردا، دعوني أخبركم باختصار عن:

_مرسى مطروح.. لعشاق المياه الفيروزية، والجولات الليلية بالمدن حيث الكورنيش والمشروبات بكافة أشكالها وعلى رأسها مشروب" حمص الشام"، والذرة المشوية اللذيذة، والدراجات والبيتش باجي، والسيرك والمطاعم والمقاهي، إن " مطروح الروح" كما يسميها كل من عشق أجواءها لهي مدينة جديرة بالزيارة فعلا.

_مرسى علم .. مدينة هادئة وطبيعة خلابة وتجربة فريدة لا تنسى..

وهذا كله على سبيل المثال لا الحصر.

****

اســـتراحـــة مســـافر

في هذا الفصل من الكتاب قررت أن أطرح بعض الأسئلة عن السفر على عدد من أشهر الرحالة في العالم العربي لأرى العالم بعيونهم، وأوردت لكم إجاباتهم لتعم الفائدة وليدرك محبو السفر أنهم –على الرغم من اختلافهم_ متشابهين.

لمست بعض الإجابات روحي، وأردكت أن محبي السفر يتشابهون مهما اختلفت أشكالهم وألوانهم؛ فهناك دائما شيء يجمعهم. كما أنهم ذوو صفات خاصة يقدّرون الوقت ويلتزمون بالمواعيد ويحبون تعلم اللغات.

إن شخصية محب السفر سريعة النمو، فهم يستطيعون التعامل مع كل أنواع الشخصيات والثقافات المخالفة لهم مما يزيد من رصيدهم الثقافي والاجتماعي، لذا فأنت تدرك منذ اللحظة الأولى سعة الأفق الذي يتميز به كل من شغفه السفر حبا وعشقا..

حـــوار شيـــق مع الرحالة الشهــير

"ابـن حتـوتـة"

_قاسم الشهير بـ" ابن حتوتة"، رحالة ومغامر شهير، ومن أشهر من قدموا محتوى رائج عن السفر في العالم العربي.

لو خيرت أن تعيش في بلد من بين البلاد التي زرتها، أين تختار أن تعيش؟

_لو خيّرت أن أعيش في بلد آخر، سأختار أن أعيش في "البرتغال"؛ فالبرتغال نوعا ما بلد يجمع بشكل بسيط بين الشرق والغرب.كما أن طعامهم مميز وفيهم بعض العادات الشرقية من الطيبة والكرم وشعب لطيف بشكل عام.

كما أن الطبيعة الموجودة في البرتغال جميلة جدا تنافس بشكل كبير الدول الكبيرة الشهيرة بالطبيعة في عالم السياحة لكنها ليست مكتشفة، لذا فهي تعبر عن المستوى المتوسط بين أشياء كثيرة، لذا أتخيل بأن هذه هي البلد التي من الممكن أن أعيش فيها .

الجانب المفضل لك في كل سفرة؟

_الجانب المفضل لي في كل سفرة هو الاختلاط بالشعوب بطريقة عفوية بعيدا عن الأماكن السياحية، وبعيدا عن التجارب المستهلكة.

أحب أيضا التعمق في عادات الشعوب وثقافاتهم وتفاصيلهم، كما أن المواقف العفوية التي تحدث أثناء السفرهي جزئي المفضل في أغلب

الرحلات، عندما تدعوني عائلة بسيطة لا علاقة لها بالسياحة إلى بيتهم لأتعرف عليهم وعلى حياتهم ومعيشتهم وهو ما يمثل الجزء غير المكتشف في أغلب الدول التي نزورها.

فالمسافر على الأغلب يكتشف الأماكن السياحية، لكنه لا يتعمق في الأشخاص والشعوب؛ لذا فالمواقف العفوية والاختلاط بأهل البد بعيدا عن المناطق السياحية، هذا هو جانبي المفضل .

شيء لن تجربه بسهولة أثناء السفر؟

_التجارب غير الأخلاقية، وأي عروض فيها تعذيب للحيوانات، العنصرية، الأشياء المضرة للبيئة، استخدام حيوانات للترفيه كل هذه أشياء أتجنبها تماما.

كذلك أي شيء يتعرض للجانب الأخلاقي، أما غير ذلك من أكلات وتجارب وتعمق في عادات الناس وثقافتهم فتقريبا ليس عندي حدود للتجربة.

**لو رتبت لأجازة مثالية للاسترخاء، أين ستكون؟ وللمغامرة أين ستكون؟

_عند اختيار وجهة للاسترخاء غالبا سأختار الجُزر بشكل عام وليست جزيرة محددة، مثلا جزيرة ماديرا في البرتغال، وجزر الأزورش.. جزر المالديف.. جزيرة آيبيزا في اسبانيا ومايوركا.. جزر اليونان..

كل هذه أعتبرها أماكن ممتازة للاسترخاء، كذلك المناطق البعيدة عن الConnection والانترنت، مثل الصحراء في الأردن صحراء وادي رم وغيرها.

بالنسبة للمغامرة أفضّل افريقيا بشكل عام فهو مكان ممتاز جدا لمحبي المغامرة؛ لأنه غير مستكشف وغير مهياً للسياحة ففيه جزء كبير من المغامرة، وكذلك دول شرق آسيا أيضا.

السفر بالنسبة لك هـو ....؟

_أحيلك لمقالة لي على الانترنت بعنوان "لماذا نسافر".. أجبت فيها عن هذا السؤال بالتفصيل. "أوردتها سابقا في بداية الكتاب"

**ما الذي يعتقده الناس عن المسافر لكنه ليس صحيحا؟

_يعتقدون أن المسافرين أغنياء، وُلدوا وفي فمهم ملعقة من ذهب، وهذا شيء أبدا غير صحيح.

نحن فقط وجدنا السبل وضحينا بأشياء كثيرة لأجل أن يكون السفر هو أسلوب حياتنا، لكن الموضوع غير مرتبط بالأموال أبدا.

أتخيل أن أي شخص يستطيع أن يضحي بمجموعة من مصاريفه الشهرية أو السنوية ويجمع منها مبلغ للسفر، أي شخص قادر على هذا الشيء.

نحن ضحينا ببعض الأشياء كالطلعات "الخروجات" والأشياء الترفيهية في بلداننا حتى ندخر الأموال لنسافر، فالسفر ليس للأغنياء، ونحن لسنا أغنياء.

هل ندمت يوما لحبك للسفر؟

_نعم ندمت كثيرا، لكنه ليس ندم فعلي، لكن بسبب التعب والإرهاق والمشقة أسأل نفسي: " ما هذا الأسلوب المتعب المهلك نفسيا وجسديا

وعقليا الذي اخترته لنفسي في الحياة"، لكن هل من الممكن أن يجعلنا هذا الندم نتوقف عن السفر؟

لا أتخيل أن هناك رحالة حقيقي يغير من نمط حياته؛ لأنه صحيح أننا نتعب وقد نندم أحيانا أثناء التجربة نفسها، لكننا نعرف مع الوقت أن هذه الذكريات والتجارب التي نمر بها هي ما تُكَوّن الشخص الذي نحن عليه الآن.

****

لقـــاء مع الرحـــال الأستاذ بدر الوهيبي

_مدوّن عماني، ومهتم بمجال السفر والرحلات.

_ماجستير إدارة الأعمال من جامعة بيدفوردشير في بريطانيا.

_بكالوريوس العلوم من جامعة السلطان قابوس.

مؤلف كتاب "تذاكر سفر _."

_مؤلف مشارك في كتاب "اربطوا الأحزمة."

لو خيرت أن تعيش في بلد من بين البلاد التي زرتها، أين تختار أن تعيش؟

_ يبقى الوطن الذي تربى عليه الإنسان هو المكان الأمثل الذي يتمنى العيش به، ولكن للإجابة عن السؤال يمكن أن أختار جمهورية البوسنة والهرسك كبلد آخر أتمنى العيش به.

شخصية ترغب في مقابلتها أثناء السفر؟

_ لا توجد شخصية محددة أرغب بلقياها في سفري؛ وإنما أتمنى أن ألتقي في كل بلد بشخص من أهلها يجيب عن تساؤلاتي ويأخذني إلى الزوايا التي لا يراها السياح ويطلعني على خبايا البلد وأسرارها.

لكن هناك شخصية أتمني مرافقتها في السفر، الأستاذ أسعد طه.

الجانب المفضل لك في كل سفرة؟

_ أكثر ما يثير اهتمامي في السفر هو معرفة تاريخ الوجهة والاطلاع على ثقافتها وعاداتها

شيء لن تجربه بسهولة أثناء السفر؟

طبخ المنزل

**لو رتبت لأجازة مثالية للاسترخاء، أين ستكون؟ وللمغامرة أين ستكون؟

للاسترخاء، سويسرا.

وللمغامرة البرازيل.

6- السفر بالنسبة لأستاذ بدر هو.....؟

- كتاب مفتوح، يعلمني القراءة والكتابة.

7-ما الذي يعتقده الناس عن المسافر لكنه ليس صحيحا؟

_الثراء.

8-ماذا أضاف إليك السفر؟

- السفر جعلني أنتقل من رؤية الدول على الخرائط والصور إلى جوها وبرها وبحرها، في كل تجربة سفر أشعر أنني غير الذي كنته قبلها، فكل تجربة تضيف في رصيدي كمّا كبيرا من المعلومات والمعارف التي لن تجدها بين صفحات المجلدات.

9- هل ندمت يوما على حبك للسفر؟

_ندمت لأنني تأخرت في اتخاذ قرار السفر في وقت مبكر، أما بعد السفر فلم أشعر بالندم ولله الحمد.

10- لو كانت لديك قوة خارقة تدوم فقط لسفرة واحدة، ماذا تختار أن تكون؟

_السفر عبر الزمن ومشاهدة تسلسل تاريخ ذلك البلد وأعيش عصور متعاقبة وأسجل تاريخه بشكل أكثر واقعية.

****

حوار مع الرحال المصري الأستـــاذ معتـــز محمـــد

_ مؤسس جروب Traveller Experience،
والذي يعدّ أكبر مجتمع لتبادل الخبرات حول السفر على الفيس بوك.

_زار أكثر من 80% من محافظات مصر.

_أكثر من 20 دولة.

_أكثر من 40 جزيرة.

_عاشق للمغامرة والاختلاط بالثقافات المختلفة.

1- لو خيرت أن تعيش في بلد من بين البلاد التي زرتها، أين تختار أن تعيش؟!

2- _أختار أن أعيش في دولة الفلبين، بلد عبارة عن 6700 جزيرة؛ لذا أحب أن أعيش هناك لأكتشفهم كلهم.

3- شخصية ترغب في مقابلتها أثناء السفر؟

4- _أحب مقابلة مؤسس الفيسبوك Mark Zuckerberg

لأن هذا الشخص استطاع بفكرة بسيطة أن يسيطر على العالم ويتحكم فيه سواء اقتصاديا أو سياسيا، بالرغم من أنه كان في بداية حياته شخصي يسخر منه الناس وينعتونه بالفاشل، لكنه استطاع أن يصبح أذكى وأغنى رجل في العالم.

5- ما الجانب المفضل لك في كل سفرة؟

_الجانب المفضل لديّ هو اكتشاف ثقافة الشعوب المختلفة، لذلك أحرص أثناء سفري على أن أقيم في منازل خاصة مع السكان المحليين وأهل البلد لأتعرف عليهم وعلى ثقافتهم عن قرب.

6- شيء لن تجربه بسهولة أثناء السفر؟

_الـ Sky Diving؛ فبالرغم من حبي للتسلق والأماكن المرتفعة لكن ما زال عندي بعض الخوف لأجربه في إحدى سفرياتي.

7- لو رتبت لأجازة مثالية للاسترخاء، أين ستكون؟ وللمغامرة أين ستكون؟

_لو أجازة للاسترخاء سأختار المالديف، ولو للمغامرة ستكون الهند، فبالرغم من أنني سافرت إلى ثلاثة مدن بالهند من قبل؛ إلا أن لكل مدينة بالهند ثقافة وحضارة ولغة وديانة مختلفة لذا أتمنى أن أخوض هذه التجربة بشكل كامل.

8- السفر بالنسبة لك هو.......؟

_السفر بالنسبة لي هو المغامرة التي أكتسب من خلالها شخصية جديدة تساعدني على التعامل مع مختلف العقليات وأخذ القرار المناسب في الوقت المناسب، فالسفر باختصار هو "مدرسة الحياة".

9- ما الذي يعتقده الناس عن المسافر لكنه ليس صحيحا؟

_ يعتقد الناس أن المسافر شخص ثري، بإمكانه السفر إلى أي مكان بالعالم ودفع قدر كبير من المال من أجل الاستمتاع، في حين أن السفر هو متعة الاستمتاع بأقل تكلفة ممكنة.

10- ماذا أضاف إليك السفر؟

_ استطاع السفر أن يغيّر شخصيتي تماما،وحولني إلى شخص يخطط لحياته جيدا، ويوفر المال من أجل القدرة على السفر.

11- هل ندمت يوما على حبك للسفر؟

_ بالعكس! لم أندم يوما على حبي للسفر حتى أنه قد أصبح مصدر السعادة الأول وشريك النجاح والشيء القادر على محو أحزاني، كما أنه مصدرا للطاقة الإيجابية في حياتي.

12- لو كانت لديك قوة خارقة تدوم فقط لسفرة واحدة، ماذا تختار أن تكون؟

_ لو عندي قدرة خارقة أتمنى أن أسافر إلى فلسطين بدون عقبات وأصلي في المسجد الأقصى.

****

حوار مع الرحال الكويتي الأستاذ
"يوسف الراشد"

_حاصل على جائزة أفضل محتوى سياحي عربي من المركز العربي للإعلام السياحي عام.2019

_زار العديد من الدول غير المعروفة سياحيا بهدف إظهارها بصورة جميلة بعكس الصور النمطية المأخوذة عنها.

لو خيرت أن تعيش في بلد من بين البلاد التي زرتها، أين تختار أن تعيش؟

في الحقيقة السؤال يصعب إجابته لأنه توجد دول كثيرة جدا أرغب فعليا في العيش بها ، ليس بهدف مستوى المعيشة أو بسبب كثرة الأماكن السياحية أو الطبيعة .. لا ، بل في طريقة معيشة شعبها و على سبيل المثال ، مدينة أسوان و تحديدا جهة أهل النوبة حيث وجدت راحة نفسية لم أعهدها بحياتي بسبب طريقة عيشهم كل يوم فهم يأكلون الطعام الصحي مطبوخ بالفخار و يشربون من ماء النيل الطازج و لم أنس طعم الشاي الفلاحي بل كل فرد بهم تحس كأنك تعرفه من سنين ، فهذا المكان لفت نظري فعلا و أرغب بالقدوم إليه مرة أخرى.

شخصية ترغب في مقابلتها أثناء السفر؟

_أحب مجالسة كبار السن في المقاهي الشعبية فلديهم قصص جميلة لكي تُروى.

الجانب المفضل لك في كل سفرة؟

- من أساسيات كل بلد أرغب بالتعرف عليه عدة أمور أهمها:

_ معرفة المصطلحات المحلية (اللهجة أو اللغة).

_ معرفة الأطعمة الشعبية الخاصة بهم.

_التعرف على كل مايتعلق بهم من آثار تاريخية فهذه هي الجوانب المفضلة لدي بكل رحلة.

شيء لن تجربه بسهولة أثناء السفر؟

_لا أحبذ تجربة أكل الشوارع في المدن المزدحمة الفقيرة بسبب كثرة الجراثيم بها، و كانت لدي سابقة سيئة بذلك الشأن.

لو رتبت لأجازة مثالية للاسترخاء، أين ستكون ؟ وللمغامرة أين ستكون؟

_دائما الجزر الاستوائية حول العالم مثل الكاريبي و جزر شرق آسيا أو جزر المحيط الهندي هي الخيار الأمثل للاسترخاء طوال العام ، و دائما آخذ زوجتي و أطفالي معي لهذه الجزر لأنها مهيئة للراحة والاسترخاء بعيداً عن ضوضاء المدن.

السفر بالنسبة لك هو....؟

_عبارة عن تخصص نادر في الجامعة لطالما نتعلم منه الكثير.

ما الذي يعتقده الناس عن المسافر لكنه ليس صحيحا؟

_ يعتقدون أنهم أغنياء جدا و هذا الأمر غير صحيح؛ حيث أن للسفر قواعد تنظيمية من حيث الميزانية و الاستعداد للرحلة قبلها بأشهر لكن للأسف لدينا ثقافة حجز الرحلة في وقت قريب جدا من موعده مما يُفاجأ

ولي الأمر بالميزانية المستنزفة بسبب ارتفاع أسعار التذاكر من طيران و سكن.

ماذا أضاف إليك السفر؟

_السفر مدرسة لازلت أتعلم منها الكثير، ولقد غيرالسفر من أسلوب حياتي و طريقة تفكيري بشكل هائل، وجعلني شخص هادئ مبتعد عن المشاكل والغضب ، مبادر للسلام.

هل ندمت يوما على حبك للسفر؟

_لم و لن أندم؛ لأن ما تدفعه للسفر ستسترجع أضعافه في عقلك.

لو كانت لديك قوة خارقة تدوم فقط لسفرة واحدة، ماذا تختار أن تكون؟

_أختار أن تكون عيني عبارة عن كاميرا تسجل كل ما أشاهده؛ لأنه توجد العديد من الأماكن الجميلة جدا والتي يصعب تصويرها بسهولة.

و أختار أيضا أن أكون طائرا لأرى جمال رب العالمين من الأعلى..

****

حوار مع الرحـال العماني الدكتور
"معتصم السالمي"

_من سلطنة عمان من مواليد 16 يونيو1982

_بكالوريوس من جامعة السلطان قابوس في مجال هندسة الكهرباء والاتصالات .

_ماجستير من جامعة بيدفورشاير البريطانية في مجال إدارة الأعمال.

_دكتوراه من جامعة اوتارا الماليزية في مجال إدارة المشاريع والإستراتيجيات.

_السلطنة مهندس مشاريع في شركة حيا للمياه.

_مدرب في مجالات الإستراتيجية في تخطيط الرحلات وقيادتها.

_عضو مؤسس في رابطة الرحالة العمانيين، ومشارك في عدة مجموعات عمانية وخليجية متخصصة في السياحة.

_زار قرابة الستين دولة حول العالم منها سفرات عائلية أو شبابية.

_يعمل في مجال السياحة وتنظيم الرحلات السياحية لمجموعات السفر.

_شارك في تأليف كتاب "إربطوا الأحزمة".

لو خيرت أن تعيش في بلد من بين البلاد التي زرتها، أين تختار أن تعيش؟

_لا افكر في العيش خارج الوطن ابدا ولكن ان كان لغير اسباب العيش فأنا أحب أن يكون مكان عيشي في فلسطين.

شخصية ترغب في مقابلتها أثناء السفر؟

_أحب ان أقابل أناس طبيعيين بسيطين من البلد متعلقين بثقافتهم وحياتهم الطبيعية اليومية .

الجانب المفضل لك في كل سفرة؟

_الطبيعة مع الترفيه ولا أحبذ التعمق في التاريخ كثيرا ولا المباني والمعمار الحديث.

شيء لن تجربه بسهولة أثناء السفر؟

_كل الأمور التي تؤثر على ثقافتي و ديني سواء كانت فعاليات أو وجبات أو مزارات .

لو رتبت لأجازة مثالية للاسترخاء، أين ستكون ؟ وللمغامرة أين ستكون؟

_ في بلد لم أقصده بعد (وجهة جديدة).

السفر بالنسبة لدكتور معتصم هو.....؟

_شغف وابتلاء ابتلينا به. فأصبح مثل الشيء الذي أحتاج أن أقوم به باستمرار. فأنا إما مسافر، أو أفكر في السفر أو أنظر إلى محطات السفر، أو أخطط للسفر.

ما الذي يعتقده الناس عن المسافر لكنه ليس صحيحا؟

_يعتقدون انه فاحش الثراء وأنه يضيع ماله ببذخ.

ماذا أضاف إليك السفر؟

_العلاقات, النظر لعجيب خلق الله وعلى ما كونه الإنسان في مختلف الوجهات. وأضيف أن بلدنا تزخر بالكثير من المقومات لو حصلت على اهتمام أكثر في القطاع السياحي.

هل ندمت يوما على حبك للسفر؟

_أحيانا نعم. أحس أن السفر والتفكير به يأخذ جل وقتي واهتمامي فأحتاج إلى الابتعاد عنه لأفكر في أمور حياتية أخرى قد تكون أهم حينها.

لو كانت لديك قوة خارقة تدوم فقط لسفرة واحدة، ماذا تختار أن تكون؟

_أن أنقل كل ما هو جميل ومتاح في الوجهات السياحية إلى بلدي وتكون وجهة قوية سياحيا.

****

حـــوار مع الرحـــالة المصرية "مـــروة علـــي"

Marwa_Travelcodes

مهندسـة ومسـافرة هـاوية وعاشـقة للسـفر والترحـال_

_ صاحبـة أول بودكاسـت عربي خاص بالسـفر في الوطن العربي(Travel codes) الذي تعتبره من أكبر إنجازاتها، وتتداول فيه كل قصص السـفر وتحكي للنـاس عن الخبرات المختلفة، وتنشـر فيه معلومـات مفيدة عن السـفر سـواء معلومات منها مباشـرة أو من مسـافرين آخرين.

لو خيرت أن تعيش في بلد من بين البلاد التي زرتها، أين تختار أن تعيش؟

_ البرازيل.

شخصية ترغبين في مقابلتها أثناء السفر؟

_ ليـس شـخص محـدد، ولكـن أكـون سـعيدة جـدا عندمـا أقابـل أي شـخص يضيـف للسـفرية.. يضيـف معلومـات.. يضيـف بُعـد آخـر، أو تجربـة إنسـانية.. فأي شـخص عنده إضافة لي كإنسـان أحب جدا أن أقابله في أسـفاري.

الجانب المفضل لك في كل سفرة؟

_ الجانب المفضل لديّ هو الاستكشاف.. أن أرى شـيئا جديدا..تجربة جديدة مثلا، أو أن أتعلم شـيء لم أكن أعرفه، يعني نسـتطيع أن نقول الـ

Diversity ، أن أرى شيئ مختلف، ومن ثمّ أدخله في السيستم الخاص بي وكل فترة أقوم بعمل Update بأن أضيف كل فترة معلومة جديدة أو شيء جديد حتى ولو لم يعجبني، فليس بالضرورة أن يكون شيء إيجابي، فمجرد اختلافها يجعلني أفكر وأعيد صياغة أفكاري فأخرج من التجربة بفكر جديد.

شيء لن تجربيه بسهولة أثناء السفر؟

_ أحب أن أجرب كل شيء جديد في السفر، لكن لا أحب (البهدلة) أو أن أقيم في مكان غير منسق أو يدعو للقلق.. بغض النظر عن كونه متواضع أو العكس فأنا على استعداد لتجربة جميع أنواع الإقامة، وكذلك الطعام أحب أن أجرب كل شيء، لدرجة أنني جربت أكل "النمل" يوما، وبالتالي فأنا منفتحة على تجربة كل شيء جديد مادام مباحا.

لو رتبت لأجازة مثالية للاسترخاء، أين ستكون؟ وللمغامرة أين ستكون؟

_ للاسترخاء أختار مكان على البحر وغالبا جزيرة، فسياحة الجزر من الأشياء المحببة إليّ جدا، مثل جزيرة "زنزبار" كانت رائعة جدا أوجزر آسيا مثل "بالي" مثلا..فالأماكن المطلة على البحر تمثل قمة الاسترخاء بالنسبة لي.

وعندما أفكر في مكان للمغامرة لن يكون أقوى من افريقيا بالتأكيد من ناحية المغامرات، ذهبت لأماكن متعددة مليئة بالمغامرة مثل أمريكا اللاتينية وغابات الأمازون وغابات في افريقيا وآسيا لكني أرى أن افريقيا مليئة بالمغامرات القوية كما أنها مختلفة ومتنوعة كذلك.

السفر بالنسبة لك هو ..... ؟

ـ السفر بالنسبة لي هو متنفس الحياة، "هوا النَفَس اللي باخده علشان أقدر أكمل"..الشيء الذي أستطيع من خلاله أن أشحن طاقتي لأستمر بالعطاء سواء في العمل أو البيت أو العائلة، ولا أستطيع أن أتخيل ماذا سيحدث لي بدونه.

ما الذي يعتقده الناس عن المسافر لكنه ليس صحيحا؟

ـ يعتقد الناس عن المسافر أشياء كثيرة غير صحيحة أهمها أنه "فاضي وبيتدلع" متفرغ ومرفه طوال الوقت وهذا غير صحيح، فالسفر شيء هام جدا وهو استثمار في النفس فأنت تستثمر في نفسك حين تسافر. الشيء الثاني الذي يتخيله الناس عن المسافر أنه غنيّ جدا وهذا ليس صحيحا وليس بالضرورة أن تكون غنيّا لتسافر، وإنفاق الأموال بشكل عام يكون حسب أولويات كل شخص في الحياة، فهناك بعض الناس ينفقون أموالهم على الملابس أو على المقتنيات أو غير ذلك، وكذلك محب السفر يرى أن للسفر أولوية في حياته وبالتالي دائما ما يوفر جزء من دخله لأجل ذلك الغرض، وهذا ليس معناه أنه ينفق في باقي نواحي الحياة مثل باقي الناس، فهو يقلل في إنفاقه في جميع النواحي من أجل أن يزيد في جانب السفر.

ماذا أضاف إليك السفر؟

ـ أضاف إليّ السفر الكثير بالطبع، لكن الأمر لا يحسب بعدد الأشياء التي أضافها لي السفر أو حصرها، لا يحسب الأمر كذلك؛ لأنك تجد نفسك

بعد فترة وجيزة وقد تغيرت كليّا، فكل فكرة جديدة تلو الأخرى تدخل عقلك تصنع منك إنسان جديد مع الوقت، فأنا أعتقد أن السفر يؤثر كثيرا في الشخصية وطريقة التفكير للأفضل من حيث التنوع وتقبُّل الآخر بشكل كبير، كما أنك تبدأ في رؤية الأمور في حجمها الطبيعي وليست ضخمة جدا؛ لأنك أصبحت –كمسافر- تعرف يقيناً أن هناك أشياء كثيرة في العالم غيرما تمر به.

أيضا من الأشياء المهمة التي تكتسبها كمسافر، أنك تبدأ في الاعتماد على النفس واتخاذ القرارات بشكل مختلف – خصوصا لو كنت تسافر وحدك- تمر بمواقف عليك أن تتخذ فيها القرار في وقت قصيرأحيانا وبشكل حاسم وسريع حتى لا تخسر الوقت والمال، وهذا الأمر يصقل الشخصية جدا.

لكن كل ذلك لا يحدث في ليلة وضحاها، بل يحدث بالتدريج في شكل Development عـام وتغيير في السـلوك وطريقة التفكيـر على المدى البعيـد.

ففي المرحلة الأولى لك كمسافر تمر بحالة من الانهيار، تتحول لعد ذلك لإلى مرحلة من الرفض التـام للواقع الذي تعيشه لأنك تريد العيش في واقع آخرثم أخيرا يكون هناك حالة من القبـول acceptance فتتقبل الواقع الذي تعيشـه، ثم تصبح شخص منطقي جدا لأنك أصبحت ترى الجيد والسيئ فتجد نفسك تقف في منتصف الأشياء والمواقف لتفكر، فترى وتشعر بما أنت فيه من نِعم، وتعترف بنواقصك وتعمل من أجل العمل

عليها بشكل أفضل وتحسينها وبالتالي فهي تعتبر Long term process لا تتوقف، حتى بعد أن تسافر عدد كبير جدا من السفريات قد تمر بتجربة سفر جديدة تتغير فيها شخصيتك جدا عمّا كانت عليه قبلها.

هل ندمت يوما على حبك للسفر؟

_ لم أندم أبدا على حبي للسفر، فالسفر يعطيني دافعا للحياة ويعرفني على شخصيات جيدة جدا، كما أنه يقدم لي دوائر صحية من العلاقات.. أحيانا أندم أنني لم أبدأ السفر في وقت أبكر، فأنا بدأت السفر منذ الجامعة وكنت أتمنى أن أعرف عن السفر قبل ذلك.

لو كانت لديك قوة خارقة تدوم فقط لسفرة واحدة، ماذا تختار أن تكون؟

_ القدرة الخارقة التي أتمناها هي " الانتقال الآني" والقدرة على الوصول إلى أي بلد بمجرد التفكير فيه أو النظر إلى صورته؛ لأن هناك أماكن بعيدة جدا تعتبر في آخر العالم والسفر إليها صعب مثل رحلة القطب الشمالي مثلا، فهي رحلة جميلة وممتعة جدا لكن ليس من السهل على أحد أن يقوم بها؛ حيث أن الوصول للمكان نفسه صعب، لذا فالانتقال الآني يحل المشكلة ويجعل الوصول إلى الأماكن البعيدة غاية في السهولة.

****

حـــوار مع الرحـــال المصـــري أ."
أحمــد السمــان"

_ مسـافر ورحـال مصـري.

_ مؤسس شركة المسافر المجنون Madness travel للسياحة.

_ صاحب الجروب الشهير على فيسبوك " البطة المرتاحة للسفر والسياحة"، وهو جروب يقدم أفكارا ومواقف طريفة عن السفر ، أما بالنسبة للأستاذ أحمد السمان مؤسس الجروب فقد نصبه جميع الأعضاء " رئيسا لمدينة البط".

لو خيرت أن تعيش في بلد من بين البلاد التي زرتها، أين تختار أن تعيش؟

_ سريلانكا.

شخصية ترغب في مقابلتها أثناء السفر؟

_الرحالة الفلسطيني معتصم عليوي.

الجانب المفضل لك في كل سفرة؟

_الاختلاط بالناس المحليين بشكل مباشر وليس عبر الانترنت من خلال تنسيق مسبق.

شيء لن تجربه بسهولة أثناء السفر؟

_معايشة لتجربة مع المهاجرين الغير شرعيين.

لو رتبت لأجازة مثالية للاسترخاء، أين ستكون ؟ وللمغامرة أين ستكون؟

_للاسترخاء ايسلاند ، وللمغامرة أوغندا.

إقـــلاع

السفر بالنسبة لك هو......؟

_الجرعة اللازمة لشخص مدمن.

ما الذي يعتقده الناس عن المسافر لكنه ليس صحيحا؟

_يعتقد الناس ان السفر رفاهية ولكن هو بمثابة علاج نفسي كفيل بتحويل مسار حياتك.

ماذا أضاف إليك السفر؟

_السفر لم يضيف لي شيئاً واحداً ولكنه كان كفيل بتغيير مسار حياتي وطريقة تفكيري ونظرتي وتقييمي لكافة الأمور.

هل ندمت يوما على حبك للسفر؟

_لو ندم شخص يوماً ما على حبه لأبنائه لكنت ندمت على حبي للسفر.

لو كانت لديك قوة خارقة تدوم فقط لسفرة واحدة، ماذا تختار أن تكون؟

_ان أكون شخص غير مرئي حتى استطيع زيارة فلسطين بحرية كاملة دون أن يعترضني أحد.

****

حـوار مع الرحـــال المصــري "
عمـــر فـــودة"

_ رحالة وصانع محتوى حصري ومميز جدا عن السفر والمنح الدراسية، وعادات الشعوب والبلدان.

لو خيرت أن تعيش في بلد من بين البلاد التي زرتها، أين تختار أن تعيش؟

_ سويسرا، لأنها ببساطة شديدة جنّة على الأرض.

شخصية ترغب في مقابلتها أثناء السفر؟

_ الراحل الدكتور "إبراهيم الفقي" رحمه الله، لأنه من أكثر الشخصيات التي أثرت في حياتي، وكان نقطة فيصلية في حياتي وسبب إن حياتي تختلف من اتجاه لاتجاه آخر مختلف تماما وكان حلم حياتي أن أجري معه مقابلة أو أسافر معه، لكنه حلم لن يتحقق.

الجانب المفضل لك في كل سفرة؟

_ الأكل :) .. أحب أن أجرب أنواعا جديدة مختلفة من الطعام من كل بلد أزوره، وبجانب الأكل الجانب المفضل لي أيضا التحدث مع الناس خصوصا سكان البلد الأصليين.

لو رتبت لأجازة مثالية للاسترخاء، أين ستكون ؟ وللمغامرة أين ستكون؟

_ للاسترخاء غالبا جزر المالديف أو جزيرة سيشل، أو أي مكان فيه طبيعة رائعة وبحر ومناظر خلابة.

إقـــلاع

وبالنسبة للمغامرة ستكون في دولة من دول افريقيا، لأن أي مغامرة في افريقيا في رأيي لن يكون لها مثيل على الكوكب.

السفر بالنسبة إليك هـو......؟

_ الشيء الذي أجد فيه نفسي وأعرف من خلاله شخصيتي ولا أستطيع العيش بدونه أبدا.

ما الذي يعتقده الناس عن المسافر لكنه ليس صحيحا؟

_ يعتقد الناس أن المسافر هو شخص سعيد دائما، وأن حياته جميلة ومثالية شيء متعب ومرهق جدا، وفي بعض الأحيان يكون خطر جدا، ولا بد أن يحسب المسافر لكل شيء حسابه لأن كل بلد يختلف عن الآخر، لكنه يبقى رغم ذلك من أكثر الأشياء الممتعة في الكون.

ماذا أضاف إليك السفر؟

_ بالنسبة لي أنا أرى أن السؤال لا بد أن يكون "ما الذي لم يضفه لك السفر"، لأن السفر أضاف إليّ كل شيء تعلمته في حياتي تقريبا.. كل شيء متعلق بالاعتماد على النفس والخبرة في الحياة أضافها لي السفر.

فالسفر عبارة عن كتاب تظل تتعلم منه مادمت مسافرا، ومن وجهة نظري فالشخص الذي سافر كثيرا يختلف كليا عن آخر لم يسافر في حياته؛ لأنه رأى أشياء ومر بخبرات أكثر لم يراها غير المسافر.

هل ندمت يوما على حبك للسفر؟!

_ لم أندم يوما على حبي للسفر، بل بالعكس في كل مرة أسافر يزيد حبي للسفر أكثر وأكثر.

لو كانت لديك قوة خارقة تدوم فقط لسفرة واحدة، ماذا تختار أن تكون؟

_ هي ليست قوة خارقة بالمعنى المفهوم، لكن كنت أتمنى ألا أضطر لصرف أي نقود في الدول الغالية جدا لأن السفر إليها مكلف بحيث أقوم بعيش كل التجارب التي أريدها بدون أن أدفع أي أموال.

****

حوار مع الرحال العماني الأستاذ " حارث الشريقي "

_رحال عماني زار أكثر من 34 دولة حتى الان.

_اشتهر بسفرياته لأفريقيا ويطمح بالسفر لكل دول العالم..

ودائما ما يردد بأنه (سافر أكثر مما سافر السندباد..(

لو خيرت أن تعيش في بلد من بين البلاد التي زرتها، أين تختار أن تعيش؟

_سأختار بلادي التي ولدت بها وترعرعت فيها فلا يطيب لي العيش والاستقرار إلا في عُمان، فلا أستطيع الابتعاد عن جبالها وأفلاجها و نخيلها و صحرائها وسواحلها و أهلها . مهما رأت عين الانسان من جمال في شتى بقاع الارض تبقى الاوطان هي المكان الامثل للعيش والاستقرار.

شخصية ترغب في مقابلتها أثناء السفر؟

_لا يوجد لديّ هدف لرؤية شخصية معينة، بل أميل الى الجلوس مع البسطاء في كل بلد أقوم بزيارته.

الجانب المفضل لك في كل سفرة؟

_الاختلاط مع أهل البلد والسكن معهم والابتعاد عن الفنادق التي تحرمك من رؤية حقيقية البلد.

شيء لن تجربه بسهولة أثناء السفر؟

_ تجربة السكن مع عائله في البلد الذي أقوم بزيارته (هذي التجربة ستجعلك تنغمس في ثقافة أهل البلد وتتعرف عليهم بشكل كبير وتفتح لك

تجارب أخرى مثل تذوق طعامهم والتعرف على أسلوب الحياة لديهم وغيرها...) لكن الحصول على هذي التجربة ليست بالأمر السهل.

لو رتبت لأجازة مثالية للاسترخاء، أين ستكون ؟ وللمغامرة أين ستكون؟

_ للاسترخاء سأختار زنجبار ، و للمغامرة لدي رغبة في زيارة غابات الامازون .

السفر بالنسبة لك هو....؟

_السفر بالنسبة لي هوه مدرسة أذهب في رحلة دراسية الى بلد ما ثم أعود للمنزل و قد تعلمت و أستفدت الكثير.

ما الذي يعتقده الناس عن المسافر لكنه غيرصحيح ؟

_ يعتقد الناس أن المسافر غني ولديه مال كثير وهذا ليس صحيح .

ماذا أضاف إليك السفر ؟!

_ أضاف السفر إليّ الكثير من العلوم في ثقافات الشعوب و المزيد من المعرفة في الجغرافيا والتاريخ وكذلك ساهم في صقل شخصيتي (كنت لا أستطيع الحديث أمام الناس وأمام الكاميرا ولكن السفر غير شخصيتي للأفضل وأصبحت أتحدث وأشارك الناس تجارب سفري في مواقع التواصل الاجتماعي).

هل ندمت يوما على حبك للسفر؟

_لا.. إطلاقا.

لو كانت لديك قوة خارقة تدوم فقط لسفرة واحدة، ماذا تختار أن تكون؟

ـ سأسافر بالزمن للوراء لرؤية بغداد عندما كانت عاصمة اللغة العربية ومركز للعلم والعلماء و أسافر إلى القاهرة عندما كانت أجمل عواصم العالم و يضرب بها المثل في الجمال والنظافة و أسافر الى دمشق عندما كانت عاصمة الخلافة و لا أنسى السفر لرؤية الرحال العربي ابن بطوطة في مدينة القدس العربية .

****

إقـــلاع

حـوار مع الرحالة المصـرية "إسـراء"

_ رحالة ومسافرة مصرية.

_ صانعة محتوى خاص بالدعم النفسي والسفر

" قررت أن أنقل إجابات الأسئلة في باقي الحوارات باللهجة المصرية العامية كما هي بناء على طلب القراء وبعض الرحالة من دول عربية شقيقة كمثال للتعرف إلى لهجتنا المحببة عن قرب".

لو خيرتِ أن تعيشي في بلد من بين البلاد التي زرتيها، أين تختاري أن تعيشي؟

_مصر بصراحة، أنا لسه في بداية رحلتي في السفر، و البلاد اللي زرتها جميلة جدا لكن عمري ما اتمنيت اني أعيش في بلد منهم.

شخصية ترغبين في مقابلتها أثناء السفر؟

_نفسي أقابل ناس جديده ماعرفهاش، دي أكتر حاجه بحبها لما بسافر، اني أتعرف علي شخصيات جديدة و نفضل نتكلم عن اختلاف الثقافات.

الجانب المفضل لكِ في كل سفرة؟

_غالبا بسافر لوحدي ف ده بيديني قدرة كبيرة جدا على الابتكار، و بلاقيني دايما منتجة أكثر و بفكر في المستقبل.

شيء لن تجربيه بسهولة أثناء السفر؟

- أي نشاط ليه علاقه بالبحر بخاف منه جدا رغم اني بعرف اعوم.

لو رتبتِ لأجازة مثالية للاسترخاء، أين ستكون ؟ وللمغامرة أين ستكون؟

_استرخاء ممكن سويسرا أو أي مكان جنبها.

المغامرة هروح آسيا طبعا، آسيا فيها حاجات كتير اوي تتعمل و عمري ما حسيت ب ملل و انا في ماليزيا مثلا.

السفر بالنسبة لك هو....؟

_عارفه شاحن الموبايل مهم ازاي؟ من غيره الموبايل هيبطل يشتغل صح؟ دي انا بالظبط.

ما الذي يعتقده الناس عن المسافر لكنه ليس صحيحا؟

_إنك لازم تبقي عارف كل حاجه قبل ماتسافر.. لا. انت بتعرف كل حاجه في الموقف و صدقني مش هيحصلك أي مصيبه لا قدر الله بالعكس، هتبقي دايما ذكري جميلة.

ماذا أضافِ إليك السفر؟

_طلعني بره دايره راحتي ١٠٠٪ مثلا انا مش اجتماعية أوي و مش برتاح وسط ناس ماعرفهاش، الموضوع ده بيتغير تماما لما بسافر.

هل ندمتِ يوما على حبكِ للسفر؟

_لا بالعكس، دايما بفكر "هسافر تاني امتي".

لو كانت لديكِ قوة خارقة تدوم فقط لسفرة واحدة، ماذا تختاري أن تكون؟

- إني ارجع حد ميت يعيش معايا سفرية واحدة بس. عمرو صديقي (صانع محتوي) توفي في أغسطس اللي فات و كان نفسنا نزور المغرب بس للأسف هو مالحقش.. نفسي أروح و آخده معايا.

حـــوار مع الـرحـــالة المصـري
"كـــريم عبد الهادي"

ـ رحال مصري وصانع محتوى عن السفر الاقتصادي.

ـ مؤسس شركة توريزما للسياحة.

لو خيرت أن تعيش في بلد من بين البلاد التي زرتها، أين تختار أن تعيش؟

ـبالنسبالي كل بلد بزورها بحس اني حبيت المكان و نفسي اعيش هنا بس عشان انا عندي حلم ان الف العالم كله ممكن اقرر بعد ما أخلص رحلتي عشان اكون أخذت القرار الصح اللي فعلا مرجعش فيه تاني و اندم.

شخصية ترغب في مقابلتها أثناء السفر؟

ـلو شخصية محددة بالإسم يبقي "الين ماسك" صاحب شركة تسلا بحس انه شخص بيفكر في عالم تاني خالص و دائما عنه طموح فوق الحدود - بالنسبه للسفر بحب اقابل شخصيات بتحب السفر و المغامرة، لأن كل مره بنتكلم و يبقي فيه محادثة مع بعض بتفتح عقلي لعالم أكبر بسبب المغامرات اللي عملوها في البلاد اللي سافروا لها و بنتعلم من بعض كل يوم حاجة جديدة.

الجانب المفضل لك في كل سفرة؟

ـالطبيعة و الحياة البسيطة جدا عشان يكتشف بيها ثقافة الشعوب علي حقيقتها و الناس اللي بتعرف عليها في سفرياتي.

شيء لن تجربه بسهولة أثناء السفر؟

_اني اخاطر بحياتي في حاجة عارف اني ممكن معرفش اعملها.

لو رتبت لأجازة مثالية للاسترخاء، أين ستكون ؟ وللمغامرة أين ستكون؟

_رحلة الف بيها أمريكا اللاتينية كلها ، ثقافة مختلفة أوي عن ثقافات كتيرة جدا و حياة و طبيعة رهيبة و قليل أوي من المصريين او العرب يعرفوا عنها كتير و قليل اللي بيسافروا ليها.

السفر بالنسبة لك هو.....؟

_السفر قبل ما يكون شغلي و شغفي،هو خلاني اكتشف قدراتي المحدودة في الحياة و خلاني اكتسب قدرات جديدة كل يوم و في كل مغامرة برجع شخص تاني جدا ناضج عن السفرية اللي قبلها.

ما الذي يعتقده الناس عن المسافر لكنه ليس صحيحا؟

_اننا معانا فلوس كتير و أغنياء بس للأسف مش كدا خالص احنا بنشتغل شغل عادي جدا و بنحوش و بنسافر زي أي حد ، حتي الآن أنا اللي بصرف علي سفري مش سفري اللي بيصرف عليّا.

ماذا أضاف إليك السفر ؟

_قدرت اكتشف قد ايه احنا في بيتنا و بلدنا حاجة و برا بلدنا حاجة تانية خالص مع اني شغال في مجال السياحة بقالي ٩ سنين و ده خلاني أعتقد إن السفر برا مصر سهل و بسيط اوي، بس اكتشفت اني لازم اتعلم اكتر و اكتر و ده اللي بتعلمه كل سفرية مهارات جديدة عشان اكمل مشواري في اكتشاف العالم ، و السفر سهل بس محتاج خطة كويسة بس مش أكتر.

هل ندمت يوما على حبك للسفر؟

_ندمت كتير لاني حبيت السفر وده خلاني أبعد عن أصحابي و أهلي و أقرب الناس ليا لأني دائما بعيد عن الوطن و في نفس الوقت مقدرش اني مسافرش.

لو كانت لديك قوة خارقة تدوم فقط لسفرة واحدة، ماذا تختار أن تكون؟

_السباق مع الزمن.. هرجع لورا عشان أقنع نفسي اني أبدأ مشوار السفر من عمر أصغر من ١٩ سنة.

****

إقــــلاع

خــاتمة

الآن وبعد أن رأيتم العالم بعيون المسافرين، وحلقتم فوق الخريطة مع سفراتهم وحلمتم بزيارة بلدان بعيدة لم تطأها أقدامكم يوما، أدعوكم للسفر في الكتب ودراسة عادات الشعوب والبلدان.

فالقراءة كانت الخطوة الأولى دائما والمحرك الأكبر لكل الرحالة حول العالم.

القراءة والمعرفة والبحث هم أهم ما يلزمك قبل التفكير في اتخاذ خطوات فعلية للسفر.

ومتابعة رحلات المسافرين وتغطيتهم لأهم محطات سفراتهم من أهم ما يمكنكم الاستفادة منه، لذا أوردت لكم حسابات الرحالة على منصة Instagram، لتحيطوا أنفسكم بمن حققوا الأحلام وسبقوكم على الطريق.

وإني أتوق لمعرفة أحلامكم في البلاد التي تحبون زيارتها، والبحث معكم في تاريخها وعاداتها، لذلك أدعوكم للتواصل معي من خلال حسابات التواصل الاجتماعي الخاصة بي والتي أوردتها لكم في بداية الكتاب..

دمتــم مسـافريــن
شيمـــاء محمــــود إبراهيــم
ديســــمبر 2021